JN439565

움직이는 트럭에 탄 들뢰즈

박연숙 시집

계간문예

움직이는 트럭에 탄 들뢰즈

시인의 말

다시 들뢰즈와 트럭을 탄다. 오래 입은 고정관념의 옷을 훌훌 벗어 던지고 오래 살던 집을 떠나려는데 공개 오디션을 준비하는 긴 꼬리때까치를 본다.

정숙한 흑백의 코디로 앞 상가건물 옥상에 앉았다가 잠시 호흡을 가다듬고 전봇대 위에서 형형한 눈으로 응시한다. 알록달록 물들어가는 국사봉과 아파트 가로수, 노란 국화와 겨울 장미의 의지와 행인들의 표정과 가을 차림의 멋, 거리의 색깔과 그 분위기까지도 분석하지 않고 공감각으로 훑는다. 다시 날개를 활짝 펴고 힘껏 창공을 가른다. 더 높이 더 넓게 보기 위함일 것이다.

진부한 판에 박힌 관념을 뚫고 그 너머로 힘껏 그 새처럼 고독하게 날고 싶다. 착지할 때는 우당탕탕 허둥지둥 아니고 심호흡하면서 프리마돈나 발레리나처럼 우아하게 내리면 좋겠다.

멀리서 푸치니의 오페라 '네소나비라체'가 들려온다.

2024년 1월

박연숙

■ 차례

제2부 누가 경이로운 달의 얼음을

제3부 움직이는 트럭에 탄 들뢰즈

제4부 브리지, 관계학

제5부 오늘의 페르마타

제1부

조각보는 즉흥색채곡이다

여월餘月에

별똥 별비 같은
잎들의 청록 함성과
청량한 새소리, 풀 소리, 바람 소리는
'전원 교향곡'으로 봄꿈을 몽글몽글 부풀리지
하이얀 버선발 모은 아카시 꽃숭어리는 봄 어깨 위에
명지바람을 포개고 향기로 무동 타지
소곤소곤 말소리, 성큼성큼 발자국 소리, 숨찬 개미 소리
도리도리 까꿍 어르는 소리, 작약 하품 소리, 참새는 총총
모두 청록 웃음으로 화답하는데
벌써 오월은 저만치 강 나루터에 노를 준비하고
난 뭍으로 밧줄을 끌어당기고 있지
찬란한 아픔의 혼돈 속에서 막춤을 춘 오월은
함박꽃 얼굴로 자유로운 여월*을 영접하려
무채색 크레바스에 씻김굿이라도 하듯
시방 초록물감을 마구 붓고 있는 걸까

지금 난 시리도록 아름다운 푸른 달 속에 있다

* 5월(음력 4월 즈음)을 모든 만물에 가지와 잎이 생긴다 하여 여월餘月이라고도 함.

별밭 마을의 새벽

별들이 움트는 소리
별들이 기지개 켜는 소리
별들이 속삭이는 소리
새 역사가 서술되는 소리
별빛이 써 내려간다
강릉 안반데기, 지리산 노고단의 별들인가
몽골사막에 쏟아질 듯 부유하고 있는 별들인지
천청색淺靑色과 마두금馬頭琴 현을 다정히 타고
상형문자인 듯, 인드라망처럼
땅 위에 고요히 별을 켜는 새벽
고향 뻐꾸기의 울음과 정한情恨의 푸른 점들의 별
김환기와 김광섭은 여기서 미자르별로 다시 만나고
윤동주의 고통스런 시 냄새에 붓을 든 고흐도
적막을 물고 새벽 화음 속에 별로 앉아 있다

너는 누구인가
또 너는 누구인가
그리고 나는 누구인가
겸손해지는 성스런 새벽이다

희망의 잔을 파르스름하게 물들이며 잔잔히
환희가 넘쳐흐르는 가슴 벅찬 이 새벽
별 보자기에서 뒹굴고 싶다 아니 폴짝폴짝 뛰면서
화성을 향해 외치고 싶다
어김없이 내일도 반짝이고 싶다고
이 숭고한 별빛이 흐르는 새벽을
파스르름한 치마에 가득 받는데
거꾸로 선 노을에
뚜깔잎과 햇살이 놀라면서
새벽 어깨를 넌지시 두드린다

펌하는 모나리자와 노란 카페

고흐, 뭉크가 오래전부터 살고 있었나 보다
여기 샤로수길 입구 2층에
모나리자도 펌하는지 흰 머리 염색하는지
비닐 커버를 쓰고 CF 모델처럼 앉아 있다

소수점 이하의 숫자까지
토끼 눈으로 롤러코스터 타면서
새벽을 마중한 우리는
2022년 20대 대통령선거 개표방송을
아나운서의 잠긴 목소리로 들어야만 했다

새 역사가 서술되는 볼그레한 봄
털복숭이를 풍선처럼 쑤욱 부풀리는 목련
보기도 전에 서둘러 봄 햇살에
노란 병아리 품은 민들레
울어도 눈물 없이 날아가는 홍여새도
지금 우크라이나의 서러운 이야기를 들어야 한다

이제는 고흐의 그림처럼
노란 카페 차양과 황금색 불빛이 흐르는 테라스에

뭉크의 '절규'를 데리고
우리는 분홍 낮달맞이꽃 미소로 식사를 해야 한다
와인 잔에 차이나블루 별빛이 가볍게 부서진다
'Starry starry night'

예술가의 아침

깊은 아침
부드러운 욕망이 흐르는
구름의 의미를 만진다

주방으로 나와 듣는
장 프랑수와 모리스의 '모나코'
파도 소리와 연인에게 읊조리는 저음에
호소력 짙은 시어를 만진다

초록산과 하늘의 경계는
직선을 뚝뚝 잘라서
한복 저고리의 둥근 선처럼
레이스 밑단처럼 동글동글한 곡선으로 박음질한 것

이른 아침부터
폭염이 개입한다
배드민턴 운동장을 돌고 도는 사람들
원을 붙잡으며 원주율을 만지는데
지구는 온열질환으로 신열이 돋는다

러시아 선원처럼 동해에
누구라도 받을 수 있는
유리병 편지를 보내야 하나
이 시대의 간절한 소망을
챗GPT는 알고 있으려나

뉘

모차르트의 호른 협주곡이 흐르는 아침
쌀 속의 뉘를 고르다가
무수한 흰옷 속에서 딱 보이는 검은 옷
용의자를 색출하듯 집어내는데
나는 뉘가 아니고 검은 쌀임을
착각하지 말라는 듯
침묵으로 항변하면서
증인처럼 서있다

청홍흑백각시*는 공구르기 휘몰이에
세요각시*를 툭 건드리며 지나간다
척부인*은 감투할미*를 주면서
교두각시* 춤사위로 아픔을 달래준다

함부로
뉘를 고르는 자 누구인가

*청홍흑백각시: 실

*세요각시: 바늘

*척부인: 자

*감투할미: 골무

*교두각시: 가위

제우스는 면사포를 쓰고

신과 인간의 아버지
하늘의 지배자 제우스

연꽃이 피고 지는 동안에
견고한 시간들이 말랑말랑해지는 소리
올림포스 산에서 권력을 휘두른 소리
길게 끌고 내려온다

그 권력이라는 말의 껍질이
사각사각 하나씩 하나씩 벗겨지는 소리 낭랑하다
휘몰아치는 함성의 천둥과
칼날로 빗금 친 벼락도 멈추니
더할 나위 없이 평온하다

거기에다
제우스는 하얀 망사 면사포 쓰고
한국 전통 문양의
화려한 자수의 빨강 치마에
가슴엔 용무늬 둥근 흉배
팔엔 보석 박힌 십자가에 섬광이

권력도 우월도 인종 차별도 없이
서로 차이를 인정하고 사랑하며
조화롭게 하나가 되는 세상을 위해
탁탁 낮익은 음악으로 성큼성큼
시방 걸어오고 계시나요

*박연숙: 제우스에 면사포, 보석 십자가, 꽃자수 치마, 27cm X 26cm X 22cm, 2022.

조각보는 즉흥색채곡이다
— 몬드리안의 빅토리 부기우기

우리 전통 조각보에
몬드리안이 웅크리고 있다

몬드리안 '빅토리 부기우기'*
색점들은 시카고의 경쾌한 재즈 리듬 스텝을 밟으며
즉흥적이고 자유분방한 선율을 수놓는다
자투리 천들은
달빛에 비치는 천의 색깔과
창문의 높이와 틈새를 살펴놓고
어긋남이 어긋나지 않게 하며
기하학과도 늦은 안부를 비밀스럽게 속살댄다

난 당신을 의식하지 않지만
당신이 한동안 내 얼굴을 쳐다보아 두근거렸습니다
직선을 벗어난 직선들은 즉흥으로
색면과 색면이 만나는 경계에서
지극히 섬세한 섬섬옥수의 바느질 떨림이 색창에 울려
파동으로 서 있는 나를 봅니다

조각보는

조각천과 허튼 가락의 신명난 바느질 연주로 접화된
빛 고운 색들의 페스티벌 잔치다

그 즉흥 색채 이음 천은
미로 같은 미로의
몬드리안 창문에서 사다리 타고
밥상보에 착륙하여
밥사발에 보리밥과 알뚝배기에 시래기 된장국,
보시기엔 정갈한 찬이 놓인 개다리 밥상 위에
고요히 펼치고 앉아
복을 기원하며 낭군님을 기다리고 있다

*Victori boogie woogie: Piet Mondrian(1872-1944), 127cm×127cm, oil on Canvas.

카페 로봇의 유희

신당이 없는 신당동
키오스크에서
천사의 눈물 먹오딧빛 콜드블루를
주문 결제한다
미소도 눈맞도 없이
바리스타 로봇이 힘줄 선 굵직한 팔로
춤추며 부드럽게 만든 커피,
포스트 코로나가 던져 준
온정溫情의 그물을 빠져나온 비대면 선물인 듯
'스타워즈' 알투디투 같은 서빙 로봇이
요리조리 자유로이 유희를 하며
친절한 말을 독백처럼 날리면서
사람과 대면한다

미래는 대면이 대면을 따르지 않아
향기 없는 치자꽃처럼 서글프고
일자리는 일자리를 따르지 않아
알바 청년도
영혼이 보이지 않는 무당처럼
장독 뒤에 침묵의 암회색으로 앉아 있겠지

로봇 사람인가
사람 로봇인가
공존해야 할 새로운 패러다임인가

모피로 된 로봇 美인

커피향이 찰랑거린다
'메레 오펜하임' 그대 커피잔에

딱딱한 찻잔, 접시와 스푼에
모피로 부드럽게 감싼
'모피로 된 아침 식사'*
진한 입맞춤으로 뜨근거리는 모피 결을 훑으며
초코 향 짙은 안티구아의 사랑을 마신다

온화한 교란의 낯설음으로
눈부시게 서 있는 밍크 로봇의 아우라

남성적이며 완고한 로봇은
루비레드 티아라 쓰고
초록 에메랄드 박힌 벨트를 하고
연보라 분홍빛 긴 밍크 숄을 두른다
알알이 보석들은 빛날 준비를 하며
신박한 웃음으로 꿈을 서술한다

'밍크로봇 美인'**이여

조화 상생 리듬으로
진술이 증명되도록
어제만 서 있지 말고
오늘과 내일 사이를
발 구르며 발 구르며
춤춰라 춤추어라

*Meret Oppenhein(1913-1986): 'Object, Fur Breakfast' 1936.

**박연숙: 밍크로봇 美인, 46cm×36cm, oil on canvas, 2018.

단군신화, 한글과 오징어게임

아담과 이브는 금지된 선악과를 먹고
에덴동산에서 추방되었고
단군 이전에 마고성 사람들은
오미五味의 포도를 먹은 후
본성을 되찾아
다시 하늘과 연결되리라 맹세하며
마고성을 떠났다지
하늘이 열리는 개천절
단군신화에는 천지인(天地人) 사상이 있다지

한글 창제의 모음 시작도 천지인 모습을 본따서
· (하늘 天) ㅡ(땅 地) ㅣ(사람 人) 비롯한
한글을 만들었다지
한글은 우주작용을 천지인(원방각),
원 (하늘) 방 (땅) 각 (사람)을 압축한 추상미술이라지
휴대폰의 천지인 자판에서
세종대왕께 카톡을 보내야지

지금 세계는 오징어 게임 달고나에
녹아들어가고 있다지

●는 하늘 ■는 땅 ▲는 사람
인간은 하늘의 신성을 깨닫고
창조적 인간이 된다지
곰이 웅녀가 된 것처럼
인간은 땅을 통해서 하늘로 다시 돌아간다지
인생은 아마도 오징어 게임일지도 모른다지

장독의 감정

수레국화 없는 커다란 이 겨울

배불뚝이 장독 속
솔잎 매실 오미자 오디 사과 딸기는
발 없는 게 뭔지도 모르면서
하루종일 어둠 속에서
묵언수행 중이라지

영화 '상의원'에서 공진은 장독의 둥근 선을 보고
기품 있는 한복치마를 형상화했다지

장독 뒤 머리카락 보이는
접시꽃 당신

알록달록 미래가 있는
장독에게 말을 건다
창백한 오후라도 그것들을 품고 있으니
수선화도 신나게 피울 수 있을 거라고
청淸 청聽 청請 고스락고스락
발효도 과학이라고

대견해서 배를 어루만진다
돌솟대, 나무솟대, 주목솟대는
바람에도 수수꽃처럼 웃으며
일기예보를 적느라
장독 속 기척에도 졸지 않는다

턱 턱 턱

국보 제78호 반가사유상은
오른쪽 손가락을 살짝 뺨에 댄 채
고뇌와 해탈의 아름다운 미소를 짓는데
로댕의 '생각하는 사람'은 턱을 괴고
지옥문을 보고 고민하는 모습일까요

어릴 적 철봉에서 턱걸이 연습하다
해 저물도록 내려오지 못한 일
경사스런 일로 한턱 낸 일
돌 턱에 넘어져 오랫동안 깁스한 앞집 아주머니
온 집안에 턱이 많아 무릎을 삐끗한 일

턱 턱 턱 턱
탁 탁 탁 탁

당신의 턱들은 얼마나 명료한가요
아니면 얼마나 흐물흐물한가요

꽃들에게 물을 주면서 트로트 가수처럼
붉게 웃는 동백꽃에게 물었지요

아! 테스 형 애기 동백 폭죽처럼 신나는 일이 팡팡 터져
턱 빠지게 웃는 세상이 어김없이 오겠지요

체념의 턱을 딛고 넘어
몬드리안의 '브로드웨이 부기우기' 그림 속
불빛이 아름다운 뉴욕의 밤거리를
부기우기 재즈 리듬에 맞춰 춤추며 걸어갈까요

반포쇼핑타운 지하상가는 앉아 있다

고가高架 옆에 고가高價에 살고 있는 여기
머리부터 발끝까지 치장하는 물건과
생활용품과 꽃까지
즐비하게 공존하는 여기
휘황한 네온사인이 배수진 치고
불면을 부추겼던 이곳

여기에, 3000원에 3개인 옷가지들이 행거에
다닥다닥 숨도 못 쉬고 매달렸고
뒤편 구석엔 뭉치 뭉치로 뭉쳐 있다
띄엄띄엄 구경만 하고 돌아서는 행인들
이야기만 껴입는다
불나방처럼 폭탄 세일, 폐업 세일을 따라
두툼한 털 코트를 벗고
나풀거리는 쉬폰 롱 원피스에 아우터 걸친 젊은이들도
환상적인 봄 축제에서 서서히 사라진다

자동차들이 사정없이 달리는
해도 달도 없는 어두운 지하 방공호에
'SeMA 벙커' 미술관처럼

쏟아지는 형광, 낮만 존재하는 여기

감기지 않는 눈을 뜨고 서 있는 마네킹의 반짝이는 옷
노란 프리지아 향을 뒤로 한 채
화려한 우울을 머리에 이고
반찬으로 방향 잡고 직진하는 아주머니는
다만 봄 향기로 점심을 유예하고
점포 주인은
랩 씌운 달래 무침과 냉이 된장국으로
쓸쓸하게 앉아만 있는 지하상가를 달랜다

패션 프루츠

속옷이 아주 야한 여자이다
외투는 자주색 비단이고
블라우스는 초록에 검은 땡땡이로
고깔모자 벗은 피에로와 닮았고
란제리는 빨강과 노랑으로
정열적이고 개성이 넘치는
새콤달콤한 젊은 감각의 소유자다
그녀는
아픔을 넘어선 열정의 삼바 축제
브라질 전통 옷 색깔 닮은
'패션 프루츠'

계속 벗기고 빨아 먹고 싶은
오묘한 맛과 백 가지 향을 지닌
여신의 과일로

그녀는
시계꽃을 땅에 묻어버리고
수난의 아픔으로 태어난
열매 과일 '패션 프루츠(Passion fruits)'다

저편 해학이 껄껄 웃으며
'속옷이 아주 야한 패션이네'

성성환과 니체

아무도 너의 가시밭길을 일러준 이가 없는데
정신을 색으로 표현한 칸딘스키처럼
그림을 폭탄처럼 던지듯 그린다는 블라맹크처럼
우크라이나 청년이 고향으로 돌아가 총을 쏜다

남북 경계 없이 아프게 핀 연보라 조뱅이꽃처럼
가시덤불 속에서도 피는 향기로운 찔레꽃처럼
괴로움을 견디며 아플 때마다 하나씩 하나씩
루비알갱이를 쏘아 올리는 성성환

정열을 고통받는 사람 얼굴에 그린다는 루오처럼
고통과 불안으로 닫힌 마음이
햇빛 달빛 별빛 눈빛의 힘으로 눈물 훔치는데
다가오는 당찬 열정의 공주 같은 얼굴이여

니체는 하늘에 있고
'아모르 파티'는 여기에 울리는데
평온한 지구의 봄은 언제 올 것인가

*성성환: 선인장

제2부

누가 경이로운 달의 얼음을

성스런 조식

내가 빚어 구운
청자빛 동그란 접시에
빙 둘러 노랑 빨강 방울토마토
딸기와 레디쉬, 블랙올리브 놓고
루콜라, 로메인, 아스파라거스 깔고
삶은 계란 반쪽을 다섯 개 올리고
파마산 치즈 가루를 뿌리죠
챔파꽃이 피어오르는 화려한 아침입니다
우유에 검은콩과 검정깨, 꿀을 넣은 블랙푸드 쥬스와 함께
시각과 미각과 촉각으로
아침을 디스플레이합니다
조식에도 대립하지 않고 하나로 어우러진
아름다운 세계가 있지요
타고르와 챔파꽃과 함께
성스런 아침을 맞이합니다
병풍의 작약과 잘 익은 자줏빛 자두 같은
화병 속 작약 두 송이도
활짝 행운을 펼쳐줍니다

시루떡의 물리학

굳건히 앉아 자기 목소리에
힘주고 있는 말씀들이 쏟아져
말씀이 말씀을 낳고
분열된 말씀들만 남아
말씀으로 말씀만 남아
켜켜이 쌓여만 간다
쌀가루와 고물이
켜켜이 쌓인 시루떡처럼

시루떡이 흔들린다
제 잘난 목소리가 하늘에 닿아
펑, 하고 추풍낙엽처럼 흩날려
진창에 달라붙는다
구름의 어깨가 산 능선을 걸치고 가며
참회의 눈물을 흘리고
사람들은 홈쇼핑 라스트 콜처럼
불안에 휩싸인다

서로 공명하여
사랑을 수놓은 접화군생미인도*가

층층의 말씀 말씀에 말씀을 가여워한다

*박연숙: 56cmX42 cm Oil on canvas 2016

바람에 대하여

지금 막 태어난 듯한 벚꽃은
어느새 꽃눈 되어
스캔들처럼 여기저기 하롱하롱 내린다

연분홍이 흔들거리는 어지럼 증세 속에서도
흩날리는 연분홍 사랑을 가벼이 받는다

꽃잎은 호수에서도 다소곳이 엎드려 사랑을 고백한다
어찌하라고 어찌할 것인가

포르스름한 수양버들은
사랑에 겨워 축 늘어져
하늬바람에 하얀 부채도 없이 줄도 잘 탄다
꽃병도 없이 보라꽃 '캄파눌라'는
여기에 구경꾼으로 꽂힌다

작은 호수가 꽃섬 된 월요일 오후
보라색 망사모자에 주황색 양산 들고
내 가슴 속에서 춤추는
풀잎 같은 당신을 예술처럼 바라본다

시적인 정 중 동
판단정지 되면서 진정한 실존이 느껴지는
쇠라의 '그랑자트 섬의 일요일 오후' 점묘화처럼

어느 댄서의 방백傍白

안달루시아 무대에서
긴 속눈썹의 고혹적인 플라멩코 춤
비장한 죽음과 번뇌의 노래,
경쾌한 사랑과 행복한 기타 리듬이
요염한 선율을 타고 감미롭게 얼어붙는다

따다닥 탁탁 짝짝
발 구르며 손뼉 치는 소리에
다시
선운사 동구에서
선홍색 드레스 댄서들이 숨 가쁘게 소용돌이 친다

이룰 수 없는 사랑으로
붉은 슬픔을 켜놓은 집시들의 애끓는 자태
환상적인 만화경萬華鏡으로 보는
우수 어린 꽃무릇 댄서들

긴장된 눈빛이 투영된
안달루시아 투우사의 붉은 천과 슬픈 여인의 긴 속눈썹이
교차되는 아슴아슴한 물결에 빠진다

추임새 올레ole!를 외쳐야 하나

연미복 입은 새 한 마리
더엉 구웅 구웅구웅 따드락 따 악 딱 장단에
애절한 육자배기 한 소절 읊고 간다

덩굴손은 손을 보지 않는다

인정은 점점 사라지고 있다지만
글방에는 인정이 많다
도저히 사람의 힘으로 들 수 없는
놀랄 만한 택배 상자
정성의 시간과 여인의 사랑이 발효된
천인 묘합 예술품
겹겹이 빽빽이 옷 입은
간장과 매실이 당당히 서 있고
깜찍이로 메밀 소바 한 묶음과 소바 장국도 따라왔다

집 간장은 음식의 화룡점정이고
무거운 붉은 색 매실은 클라이맥스에 다다른 음악처럼
음식의 화음을 높여준다
마침내 흰 쌀밥에 그 여주댁 간장과
날계란 톡 깨트려 마가린 넣고 비볐다
최고의 음식으로 행복했던 그 시절로
벤자민 버튼은 시간을 거꾸로 돌린다

초록별이 된 글동무의 집 간장도 안부를 전한다
세상사

맛이 들면 정들고 정들면 헤어지지 못하는
애끓는 일이
어제오늘뿐이랴

아침 없는 장식의 덩굴손은 손을 보지 않는다

부드러운 욕망*

동대문역 9번 출구로 막 나오면
옛날 전병과 호두과자가 추억으로 웃는다

상가에 들어서면
세계꽃박람회가 열린 듯
낙원인 양 형형색색 형광 불빛 아래
자체발광하는 빛의 투사체들
덩치 큰 새들은 어깨에 커다란 원단 자루 걸치고
통로를 휙휙 지나가고
이따금 작은 새, 그미는
오아시스처럼 만난 긴 의자에 앉아 목을 축인다

난 프랑스, 아메리카 전통시장에 온 듯
불란서 자수 실과 동그란 수틀을 만진다
드림캐처 악몽을 살랑살랑 달래보며
여러 피륙들의 낭만을 걸치고
'부드러운 욕망'을 껴입는다

환상의 스펙트럼 속 일탈의 쾌감,
아카데미 시상식 주연배우처럼

퍼머넌트 레드 롱 드레스에 금빛 하이힐 신고
매혹적인 낯섦의 레드 카펫을
박수 소리와 스포트라이트를 받으며 워킹한다

온갖 색들이 꿈틀거리는 여기 동대문종합시장에서

*최광진의 '부드러운 욕망'에서 차용.

대취타가 대취타에 취하다

인정전은
태평소, 꽹과리, 북소리와 어깨를 걸고
행진곡 대취타를 흠뻑 마신다
금발의 BTS 슈가는
곤룡포 입고 리듬에 맞춰
궁궐의 뼈를 발라내고
흑발의 슈가는 평민복 입고
누런 소가 지나가는 저잣거리를
힙합 리듬으로 쪼고 있다
가끔 내가 나를 몰래 보듯
야누스 얼굴의 시퀀스가 에피소드로
영화가 된 영화를 본다

대취타와 트랩비트를
비빔밥처럼 비비며
흑백의 경계를 블렌딩한다
덩달아 지구 젊은이들도
취타에 취한 대취타 집사(執事) 따라
보이지 않는 네모거울을 보며
낯선 얼굴들이 낯설지 않게

바깥 원탁에 갇혀
악기 속에 감춰진 환한 리듬의 밸브를 연다

누가 경이로운 달의 얼음을

'제비다방'을 연
건축학도 천재시인 이상李箱
시 '삼차각설계도'- 선에 관한 각서 1
일정하게 점을 찍어
양자역학 같은 행렬을 그리고
아인슈타인의 일본 방문으로 인해
'건축무한육각면체'
4차원의 시를 썼는지요

폐결핵으로
시간과 공간의 한계에서
이탈된 유성처럼
3차원에서 빨리 박제된 시인 이상이
감청색 바코드로 아픕니다

가정폭력에서 눈물 닦고
'지키겠다'를 끝없이 껴안으며
미국 특수부대 네이비 씰 해군에서 의사로
다시 NASA '아르테미스 프로젝트' 달 탐사 우주비행사가 되어
아마도 53년 만에 달을 밟게 될

'조니 킴'
인류의 꿈을 지키겠다고 지금 훈련 수행 중이지요

'이상'은 4차원의 이미지 시로 여행을 하고
'조니 킴'은 달을 밟고
파란 얼음의 대답을 찾으러 갑니다

사자와 줄댕강나무

증산역 1번 출구
길가에 증산된 꽃들
가을은 인상파 화가처럼
시시각각 변하는 색을 계속 덧칠하고 있다
홍가슴개미는 빨간 철쭉 잎 속에서 노닐고
흰색과 자주색이 혼합된 희망봉을 흔드는 자운영
줄댕강나무꽃에 별싸라기가 내렸나
가시방패줄기는 별지기가 되고
엎드린 갈대는 까만 음자리표로
사자의 울음소리를 흉내낸다
하얀 두루마기 입은 두루미는 외로워서
외발로 외로움의 근육을 푸는데
백발이 갈대밭처럼 서걱대는 독거노인,
벤치에 홀로 앉아 찡그린 눈으로 카톡을 훑는다
빨간 장미꽃잎 하나가 손등에 떨어지는 줄도 모르고

굴러가는 집

눈부신 대낮에 수행자가 걸어간다
가시 손대신 땀방울이 주름을 훑으며
거대한 아파트 위에서
허리 굽은 할머니가 집짓기를 끝낸다
다닥다닥 다닥다닥 따개비 마을에
여러 채 집을 나르듯이
폐지 박스 수북한 리어카에 끌려간다
수행의 하루 또 하루
하루 사막을 가로지르며 걸어간다
육신도 집도 그의 소유가 아니니
무소유다

아르코예술극장 옆 아르코미술관

처음 보는 풍경처럼
쓸쓸히 명상에 물든 고승처럼 서 있는 마로니에
벙긋이 눈 뜬 하얀 목련
나뭇가지 새 둥지와 노란 버섯이 달랜다
북적대던 사람들은 다 어디로 흘러갔을까
핸드폰만 보고 있는 모녀 앞에 마스크도 없이
비둘기 예닐곱 마리, 대여섯 마리 참새들이 서성인다
태권도 품세로 허공에 손발을 차며
혼자 놀고 있는 젊지 않은 스님
야외 설치미술인 양 노란 안락의자는 안락을 부르는데
미세먼지만 수북이 앉아 있는 모서리
긴 줄로 서 있는 티켓 박스 앞
우르르 극장에서 나오는 사람들
미술관에서 작품을 감상하는 사람들
기타 치며 노래하는 젊은이들의 야외공연
그저 채색된 햇살의 만찬을 맛보러 오는 사람들
낭만이 메말라 붙은 그 흔적들의 찬 이마를 짚는다

일천 명 일본 군경을 향해
쌍권총으로 3시간 총격전 끝

마지막 탄환으로 자결한 열사 김상옥
처연한 달빛 아래에서 독립의 꿈을 봉합한 채
야윈 낭만이 다시 풍만해질 이곳 무대를 일으켜 세우며
마로니에 광장을 응시하고 있다

노랑 스위트룸

다소곳한 프리지어 한 다발 받으니
어느 여류화가 그림인 듯
머리 위에 수많은 나비가 앉아 있는 그림이
스위트룸 벽에 걸린다
노란 꽃잎은
푸드덕, 심장 뛰는 노랑나비로
그 그림 위에 살포시 앉는다

로맨틱한 마조렐 정원에서는
마조렐블루가 내 안에 와락 덮쳐
멀미하는 속처럼 울렁거리는데
난 다뉴브강 엘리자베스 다리에서
나팔꽃처럼 마돈나처럼 퍼지는
플레어스커트를 입고 뱅글뱅글
비엔나왈츠를 춘다

다시금 뭉크의 '절규'처럼
붉은 노을이 흐르는 페루 언덕에서
난 잉카 전통음식 '파차팡카' 땅속 구이를
절판될 다급한 시간처럼 기다린다

세빛둥둥섬 한강 물에 얼굴을 띄우고
촉각적인 주홍빛 백합처럼
푸르른 내일을 기다리며
시방 난 오로라핑크빛 바람으로 붓질을 하고 있다

약켓팅에 도전해 볼까요

국민학교 1학년 때
제사상에 놓인 곶감이 먹고 싶어
늦도록 눈에 침 발라 가면서 부릅뜨고 버티다가
깜빡 잠깐 졸았더니 벌써 음복하신다
어느새 곶감은 동생들이 다 차지하고
몇 개의 약과만 덩그러니 남았다
너무 속상하고 화가 나서
엄마한테 괜히 투정 부리며 울었다
그런데 지금은
U베니 약과 12차 공구에 도전
10시에 주문하기 위해 9시 58분부터
알람을 맞춰놓고 기다리는 요즘 세대들
8분 만에 매진되었다고
덕분에 통장은 텅장이 되었지만 행복하다고 하네요
약과를 티켓팅하는 MZ 세대들,
할머니와 밀레니엄 세대가 함께 즐기는 할매 밀레니엄
사랑방에 할머니 할아버지들과 밀레니엄 세대가 함께 웃으면서
구수한 흑임자 막걸리, 고소한 인절미 막걸리와 달달한 약과를 먹는다
어느 순간 여기에 행복 티켓팅이 시작되어 사방에서 톡톡

돌아나네요

계절도 변화하면서 순환하고 패션 트렌드와 입맛도
빙글빙글 회전무대 회전목마처럼 돌아가네요

70년대 보헤미안 감각의 에스닉 쉬폰 원피스 차림으로
약켓팅에 한 번 도전해 볼까요

범 내려온다*

범 내려온다

숨이 찬 별주부가 토선생을 잡으려다
숨이 차서 그만 호선생이라 부르니
누에머리 흔들며 호랑이가 내려온다
차르르르 차르르르

비트 위에 '수궁가' 판소리 얹힌 리듬에
엉뚱한 믹스 매치의 패션 무용수들이
우스꽝스러운 춤사위로
삼엄한 청와대 사랑채 앞에서 놀다가
삼성리움미술관에서
근엄한 덕수궁으로
다시 아찔한 경사의 낡은 계단을 내려와
자하문 터널 속으로 사라진다
영화 '기생충' 한 장면인 듯
마지막엔 동대문디자인플라자(DDP)에서 막춤을

범이 내려온다

빨간 운동복에 빨강 배자에
빨간 수문장 모자를 쓰고 수문장 주변을 돈다
핫팬츠에 조랭이 모자
몸빼 바지에 상모를
빨간 양복에 빨간 장군 모자 쓰고
홍겹게 춤추며 서울을 한 바퀴 돈다
나도 졸래졸래 따라 돈다
덩달아 지구도 한 바퀴 돈다
100초 남짓에
차르르르 차르르르 얼~쑤 좋다
신명났다 KOREA 서울

*이날치 밴드가 부른 판소리 '수궁가'의 한 대목. 한국관광공사 서울 홍보 영상.

어제를 동여맨 낙서

낡은 돌들은 보이지 않고
새로운 돌들이 화폭에 박혀 있다
바스키아는* 어제를 버리고
오늘의 저항을 유쾌하게 낙서한다

앤디 워홀은 그의 자유로운 유희를 부러워했고
마릴린 먼로는 그윽한 눈빛으로
눈꽃이 내려앉지 못하고
물방울로 스치는 것을 염려했다지
나비처럼 날아간 무하마드 알리는
그의 낙서를
벌처럼 쏘아보겠지

바다로의 첫 출항처럼
그림을 손질하는 자유로운 낙서는
검은 피부에 유쾌한 눈물로 물결친다

*장 미쉘 바스키아(1960~1988) : 미국의 낙서화가로 검은 피카소라 불림. 뉴욕타임즈 표지 선정, 독일 카셀 국제전시. 도큐멘타 7전 최연소 초청, 2500여 점의 작품을 남김.

제3부

움직이는 트럭에 탄 들뢰즈

훼떼*

동그랗게 돈다
보름달을 그리나
돌고 돌며 원을 그린다
너그러운 공처럼
한 다리로 서 있는 홍학인 듯
드뷔시의 '달빛'에 따라
그린 파파야 향을 둥글게 그린다

왕자를 유혹하기 위해
한 스팟을 보며 서른두 번 도는
'백조의 호수' 흑조의 훼떼,
그녀의 토슈즈가 휘황한 무대에서 내려와
내 발에 엎힌다

탐진치(貪瞋痴)를 버리고
중심을 지키며 모나지 않은
그런 길을 가야 하는데…

*훼떼(fouettes, 푸에떼) : 발레의 고난도 테크닉으로 한 다리로 서서 다른 다리로 채찍질하듯이 추진력을 얻어서 계속 도는 동작.

K-부추전

창문에 빗물이 좍좍 내리치는
눅진한 리듬의 아침
소리 없는 부추의 춤과 향이 흐르는 여기
여러 악기의 음색이 어우러져 하나의 악곡이 되듯
작곡가는
주재료 새파란 부추는 숭덩숭덩 썰고
기깔나게 새우 살과 물오징어를 톡톡 곱게 다지고
포르스름한 애호박은 착착 채 썰고
주홍색 당근과 새빨간 홍고추도 탁탁 채 썰고
멸치액젓은 감칠맛으로 야물딱진 청양고추는 칼칼한 맛으로
밀가루 부침가루 물과 재료를 넣어 살살 젓는다
동화同化 아닌 접화接化로 두루두루 섞인다
촤 아~ 치직 촉촉 노릇노릇 바사삭
낭창낭창한 앙상블 부추전이다

향기와 여러 색들과 소리, 바삭바삭한 식감이
존 케이지의 '4분 33초' 피아노 악보에 떨어진다

비 갠 해 질 무렵
열두 줄 가얏고 농현 소리

'애달프게 달라붙지만 비통하지는 않은 소리'*에
굳은 결심한 분꽃이 수줍게 슬몃슬몃 다섯 폭 치마를 펼친다
상쇠가 없어도
얼씨구절씨구 졸래졸래 돌고 돌아
서로서로 얼크렁 설크렁
서로 부대끼며 어우러진 부추전은
천인묘합天人妙合의 구수한 손맛이다

*우륵: 애이불비哀而不悲

정의론과 복면가왕

복면을 쓰고
어떤 권위나 선입견을 배제하고
오로지 가창 실력으로
관객들의 점수로 가왕이 된다
존 롤스의 '정의'는
'원초적 입장'에서
사회적 약자를 고려한
절차의 공정성으로 평등한 권리를 주장한다
오징어 게임에서는
평등하게 공평하게 게임을 한다고 하지만
미스터리한 데스 게임으로
최후의 한 사람만이 남는다

복면가왕은 실력으로 당당하게
'무지의 베일' 속에서
절차와 형식의 페어플레이로
황금가면을 쓰고 황금의자에 올라선다

게르하르트 리히터는
관점을 제거한 평등의 그림을 그리고

정의의 여신 디케와
아리스토텔레스는
지금도 정의를 캐고 있겠지

고통이 안락에게

안락한테 고통을 주겠다
좌판 위에 마늘, 도라지, 파 까놓고
휠체어에 앉아서 바라보는 할머니
덤 달라고 손 벌린 너에게 고통을 주어
안락과 고통의 평등한 얼굴을 보여주겠다
무관심한 너의 사랑을 위해
흘릴 줄 모르는 너의 눈물에게
몹시 아픈 고통을 주겠다

먹을 것이 없어 점점 시들어가는 어린이
수술받을 돈이 없어 헐떡이며 숨죽인 채
꿈을 껴입은 아이들
너의 무관심,
너에게도 기다림을 주겠다
고통을 어루만져 줄 너의 손길에게
고통과 안락이 평등하다는 것을

가지가 옆 가지를 넘을 때

예컨대 느티나무 가지가 목련나무 가지를 넘을 때
그건 느티나무만의 일이 아닐 것이다
얼굴 한 번 마주친 적 없는 데면데면한 뿌리들은
춘설과 아슴아슴한 봄비로 정분 쌓던 것을 믿어주지 않을 것이다
느티나무 가지가 옆 목련나무 가지를 넘을 때는
밤새 부둥켜안고
어쩌면 신바람에 취해 덩실덩실 춤추었을 것이다
느티나무가 목련나무 어깨를 타 넘는다는 것을
아마도 목련나무는 상상도 못했을 것이다

느티나무는
담을 넘는 요셉의 가지처럼
유대인의 '후츠파' 정신처럼 한계를 거부하고
열린 세상으로 나아가는
어쩌면 도전의식이었을 것이다

간재미의 라멘토소

이른 봄부터
산란을 위해 통통하게 살찌웠는데
단풍이 지고 눈보라 몇 번 휘날려도
꾹 참고, 겨우내 꿈꾸어 왔는데

꽃다지도 못 본 채
'오징어 게임'처럼
새우와 줄다리기를 해야만 하는가
그날 죽음을 예견하듯
가면 쓴 인간을 떠올린다

발 없는 물결들이 비닐 꽃밭을 누비며
낄낄대며 제 몸을 둘둘 만다
멍든 푸른 바다의 몸속에도
마이클로 플라스틱 분자는 시름시름 분열 중이다

등뼈가 훤히 보이는데도
모기향을 들이대며
내장이 야위도록 말리고 말려서
고춧가루를 술술 뿌려댄다

최후의 실 같은 신음까지 달콤하게 마시며
스스로 묘혈을 파고 있는
접시 위의 사람들

차이콥스키 '비창 교향곡' 4악장이 순하게 겹친다

골동반 미학

맛을 그린다

노란 지단채와 샛노란 녹두채
붉은 육회와 초록 시금치나물
하얀 콩나물과 주홍 당근채 볶음
회갈색 느타리버섯 볶음과 밤색 고비나물
여기에 흰 쌀밥이
그야말로 화려한
알록달록 꽃밥이다
베갯모 전통자수처럼
어느 화조도花鳥圖처럼

발효를 통해 만들어진
천인묘합의 시간예술
고추장과 함께 비비면
각기 고유의 맛과 향이 배어 어우러진
해학의 비빔밥
다양성의 융복합 어울림으로
새로운 맛으로 접화된
다시 피어난 소박한 꽃밥

골동반이다

사람과 사람들의 조화상생調和相生 춤사위가
신명나는 기운의 사랑 춤 꽃무리로
평온한 한 우주가 숨쉬는 것을 바라본다

움직이는 트럭에 탄 들뢰즈*

복개천에 트럭장이 꿈틀거린다 당곡지구대 보라매 치안센터와 프라자 약국 사이에 요일마다 다른 트럭이 온다 주방도마 크기의 커다란 계좌이체 번호판이 눈을 크게 뜨고 꼭 붙어 다닌다 금방 볶아 파는 땅콩과 여러 곡물이 봉지봉지 속에서 똘망똘망 바라본다 히말라야 핑크 소금 죽염 등 사형제들이 직접 하는 염전이라며 방송에도 나왔다며 자부심이 의자를 꾹꾹 누른다 수요일 트럭은 알록달록한 꽃들이다 올망졸망 꽃분들이 생동감이 남아도는 정물화로 앉아 손님의 감각을 잘게 흔든다 다음 날은 뻥튀기 트럭으로 돼지감자 옥수수 쌀 콩 뻥튀기로 금방 튀긴 것을 맛보라며 한주먹씩 정을 준다 또 다음 날은 생선 트럭으로 제주도에서 낚시로 잡았다는 번쩍번쩍 빛나는 은빛 양복 입은 신사 은갈치다 신사는 검푸른 눈을 멀뚱멀뚱 뜨고 이쁜 여자 보면 '혼저옵서' 하며 은근한 눈빛을 품는다

물건을 사는 사람과 사고 싶어서 힐끗힐끗 눈을 돌리며 파란 신호에 분주하게 횡단보도를 건너가는 사람들의 사람들은 판에 박힌 고정된 모습이 아니라 기운생동氣運生動한 운동감으로 보이지 않는 어떤 힘의 리듬의 싹으로 톡톡 걷는다

날마다 다르게 장이 서는 움직이는 트럭 장날은 굳어진

관습을 해방시켜 그때그때마다 유목적으로 접화接化되어 다른 그림이 되는 일회적 돌발 흔적으로 즉흥적이다 부용화도 여기에서 진분홍으로 곱게 화장하고 들뢰즈를 관광한다

*들뢰즈: '감각의 논리'

옥춘당의 목소리

바코드 기찻길에
잘 익은 석류 색과 초록 이파리 색 옷 입은 화물차
로키산맥과 프로방스 사이를 쉼 없이 달리고 있다
굴뚝 속, 열차 안에는
알록달록 옥춘당이 가득 들어 있다
행복이 움트는 소리에
옥춘당은 햇빛과 바람의 색채들로
부풀고 부풀어 풍선이 되어
구름과 왈츠를 춘다

6치 높이의 원기둥 옥춘당은
'혜경궁 홍씨'의 진찬進饌에 봄꽃처럼 앉아 있다
화려한 색채의 흔들림에
나도 빙글빙글 돌아 푸른 자유로
가체 쓰고 붉은 당의 입고 거기에 있다
떨잠에서 화사한 옥춘당 봄꽃이 핀다

'ASMR' 아이템인
옥춘당끼리 부딪치는 깨랑깨랑 소리

딸기 포도 탕후루의
오도독 콰작 콰자작 소리를 본다

수제천은 기차를 초대하지 않는다

수제천壽齊天*은
기찻길처럼
끊길 듯 끊어지지 않는다

폐부를 짓누르는 선율은
남편을 그리는 애절한 마음이
평생의 서러운 평행선인 기찻길처럼
그리움이 번지는 기적소리 되어 흐르는데
철길은 많은 기차를 견디느라 말이 없다

연음連音의 유장悠長한 선율은
무작정 내린 간이역에서
넘실거리는 들꽃 향기 따라
생의 화음, 화음의 음향으로
기적소리 가락을 뜯는 듯하다

삶을 노래하지만 천상의 노래인 듯
유유히 음과 노닐고
화려한 듯 소박하고 평온하여
소리는 우주와 자연을 향유하노니

춤추는 색동 원삼 자락에는
여인의 애절한 눈물 자락이
소리를 타고 돌고 돌아
영원한 디아스포라 기차처럼
흘러감이라

*수제천壽齊天 : 정읍사를 노래하던 음악. 국가 중요 행사 때 처용의 가면을 쓰고 추던 탈춤인 처용무의 반주 음악. 궁중음악의 대표적인 관악합주곡.

13,352+1393=0

목청을 드높이는 장닭 디자인 H빌딩
거꾸로 선 빨간 횟집 간판 글씨
짤록한 허리선 다 보이는 짧은 상의와 통바지로 매치한 패션들이
통통 튀는 어느 젊은 가로수길

퇴근 시간대에 하루 몸을
맨 앞칸 지하철에 던진 채 기다리는데
눈꺼풀에 힘이 내려앉다가 다시 올라간다
맨 앞 승강장 문에
'발 빠짐에 주의!'
'Watch your step!'
바로 위 빨간 글씨
'13,352+1393=0'
2021년 자살사망자 수와 자살 예방 상담전화번호 1393
허공에서 윙윙거리는 그 빨간 숫자 메시지

힘든 사람의 말에 귀를 기울이지 않았다
남의 고통을 보지 않으려 했다

어제의 슬픔이 장례식장으로 잡아 이끈다
창밖에서 여전히 울고 있을 사람은 보이지 않았다
저 하얀 국화꽃은 누구의 얼굴일까

지붕 위의 타이어

한 고승이 오늘도
고층 아파트 아래쪽 길가
지붕 위에 검은 타이어로 앉아 있다

빨간 벽돌 기와집에 갇혀있는 노부부를 긍휼히 보며, 태풍이 짓눌러도 일어서지 않는 천막 지붕을 만지며, 황사 소음에 컹컹 분노하는 강아지의 고통을 보며, 직립으로 여름을 맞이하는 은행나무 수정受精을 기원하며, 절룩거리는 한 노동자의 뒷모습을 토닥인다

해거름이 햇살을 털며 연극무대 조명처럼 다 풀어놓는다

노인정에 서성이는 현수막의 저녁 어둠에, 궁핍과 맞서 싸우는 파란 철 대문에, 누가복음 15장의 탕자를 생각하며, 하루 종일 폐휴지 줍고 가는 슬픈 리어카에게, 허기로 땅을 헛 쪼는 비둘기에게 보시를 폐타이어조차 이렇게 경건한가
검은 반가사유상이 지붕 위 허리 잘린 천막 위에서 고요히 기도하고 있다

시들지 않는 새벽

추억의 방에 매몰되어 주춤거리지 않고
새롭게 시작하는 '캣츠'
늙은 그리자 벨라처럼
그리도 브로드웨이 무대에서
'메모리'를 부르고 싶었던 천경자

새벽은 언제나
시들지 않는 꽃잎처럼 싱싱한 것임을,
각자 자기 자리에서
서로 존중하고 함께 어울리며
포기하지 않고 살아야 함을
아는 고양이들

캐럴송은 흩어지는데
어쩔 수 없는 슬픔
'미인도'가 '메모리'를 데리고
배우처럼 무대에 걸어 나온다

분장한 슈퍼히어로들의 워킹

도어를 열자
옆으로 길게 앉아 있는 국내외 관람자들
큰 환호로 함성과 갈채 소리가 보입니다
그럴싸한 히어로에 눈을 떼지 못합니다
패션쇼에서
마지막에 등장하는 디자이너처럼
당당히 들어가 관중을 보는데
고통과 환희의 눈물이 아롱진
생각에 잠긴 분홍 꽃의 리본이
잠시 흔들립니다

분장한 히어로들을 둘러보고
힘과 권력의 남성성이
부드러운 천으로 감싸지고 장식된 그들이
서로의 차이를 인정하고
조화 상생한다는 말을 듣습니다

달 궤도선 다누리는
BTS '다이너마이트' 노래 싣고
달나라 여행가고 또

달 착륙 후보지도 살펴본다는데
권력과 힘의 갈등은 언제 종식될는지
당신들은 알고 있습니까

*'분장한 히어로들의 고품격 해학': 2022년 경인미술관 박연숙 개인전.

떠구지머리 쓴 로보트 태권V

'날아라 날아 로보트야
정의로운 우리의 친구
평화의 사도 태권V'

만화영화는 희미하게 엷어지고
창문 있는 방에서도 날지 못하는 너
그냥 서 있어도 춤이 되는 저 품새
장삼 노름 마치의 흥에 따라
관절도 꺾지 않고 뱅그르르 돌다가
이제는 용감하게 두 팔을 뻗고 날아보렴
로봇과 옷의 진정한 관계는
우리 지성을 진공상태로 만들지도 모르지만
우아하고 당당하게 가채 쓰고
힘껏 날아보렴 로보트야

우크라이나 사태를 평화롭게 안정시키고
코로나 팬데믹에서 영원히 벗어나도록
너랑 나랑 웹 비단 깔고 함께 날아가고파

언젠가 저절로 힘이 빠질 인생

이제라도 덩실덩실 춤추자
품위 있게 부드럽게 날 수 있다는 것은 얼마나 환상적인가
가채 떨잠 보석이 반짝거린다

날아라 날아 로보트야

*박연숙: 파격적인 의상과 떠구지머리 쓴 로보트 태권V(키-75cm).

제4부

브리지, 관계학

03 수호행성

겨울을 재촉하는 늦가을 비 만추의 화려한 잎들을 자유로이 닦는다 저 공중에 편입된 봉천동奉天洞일까 '걸어서 하늘까지' 영화 속 달동네로 크리스마스 카드만 하게 불 켜지는 창문들이 옹기종기 다닥다닥 모여 사는 국회단지 서로 어떤 악의도 품지 않으며 국회의원보다 더 웃음을 주는 03 마을버스 운전기사 아저씨 내릴 때는 웃음을 거슬러 주는 이 마을주민들 가파르게 오를 때는 손잡이를 꼭 잡으라는 말에 모두 단단한 고요 속에 연둣빛 꿈을 잡고 'E T'처럼 달까지 올라갈 수 있으려나 슬픔 없는 환상을 즉흥으로 초대하는 소리 부푼다 은천殷川 강감찬 장군의 용맹이 특허처럼 바짝 달라붙었는지 국사봉까지 물구나무로 올라가도 숨이 턱까지 차오르는 순간순간도 차분히 호흡하며 진정시키며 03 마을버스는 이 마을의 수호행성처럼 매일 매일 원을 그리면서 노랑 털실 뭉치처럼 따스하게 묶어준다

경계境界가 경계警戒로
— 갈월동 '거지아파트'

햇살이 멈춘 자리에는
'붕괴위험으로 재난위험시설로 지정됨'
노란 표지판이 붙어 있다
유적처럼
판결문처럼
낙인처럼
울컥,
현기증으로 출렁거린다

일제강점기 공장 창고가 방으로
80여 년 된 80여 개의 방
누추함을 꺼낸 누추함
초췌하고 푸석푸석하다
살은 없고 앙상한 뼈만 남은 생선처럼
생물학 교실의 골격표본처럼
미래를 담보한 무모한 몸뚱이는
온기 없이 뼈를 붙들고 서 있다

위험한 삶을 단련시키려는지
고단한 숨결은 가지 끝에 매달리고

불안의 농도는 언제 엷어지려는지 알 수 없지만
타클라마칸 붉은 사구에 갇힌 절망에서
희망의 시간이 서서히 절판되고 있는 것을 보며
파리한 하루를 겨우 넘으려
오늘도 공중화장실에서 초조하게 줄을 선다

보랏빛에 실뜨기하는 여인

보랏빛 꽃창포에 실뜨기하는 여인
연못가에 우아하게
프랑스 귀부인으로 앉아 있는 보라색 꽃창포
여인의 원피스에 아롱거린다

보랏빛 나팔꽃이
흐릿한 추억을 흐릿하지 않게
그리움의 압축파일을 재생한다
동네 뒷동산에서 오디 따먹던 입술
먹오디빛 추억의 물이 촉촉하다

보랏빛 닭의장풀에 실뜨기하는 여인
속이 투명한 피라미처럼
너무 잘 보이는 그의 피부 결을
애써 극사실로 스케치하고 싶지 않다
빵 찌는 냄새와 엷은 커피 향
청초한 들국화 눈망울로
쉼표 없는 나에게 쉼을,
순수 없는 세상을 순수로 덮는다

보랏빛 안개꽃에 실뜨기하는 여인
정박된 왕산마리나 요트장 지나
배 떠나는 삼목항에서 또 손짓할 것 같은
예감의 더듬이촉이 예감한다

길거리 의사는 자기 구두를 보지 않는다

한 평 남짓 작은 집에서
돋보기안경 쓰고 촘촘히 들여다본다
오장육부를 살피는 듯
왼쪽 발 오른쪽 부분이 더 많이 닳았네요
좌골신경통이 있으신가요
두통이 있으신가 보죠

‘렘브란트’의 그림처럼 불빛은 구두에만 쏟아지고
하루종일 고개 숙이고 떼고 붙이고 못질, 자르고 다듬어
반짝반짝 얼굴이 비치도록 구두를 닦고 닦는데
벽의 아들이 아버지의 고통을 잘라내고 다듬는다

구두수선공의 구두는 수선을 빼앗긴 채
잠시 손을 놓고 앞 ATM 가는 일이나
아주 가끔, 집 옆 나무 기둥에 허리 펴는 일뿐

구두약으로 물들여진 검은 손톱과 옷의 얼룩들을 보며
난 터질 듯한 하얀 공허를 온몸으로 받아 든다
그는 결코 얼룩진 인생은 아니었을 것이다

다만 내 몸속에 들어찬 검은 얼룩은
아직도 휘청대고 있지는 않은지

이스트를 넣은 시간

보랏빛 향기 그윽한 꽃다발 속에
시어들이 꼭꼭 숨어 있다
어느 누구의 품이거나
상상이 발효되어
은유 꽃으로 피었다가 환유 꽃으로 핀다
환상의 꽃은 '마그리트'의 커다란 유리잔 속
하얀 구름에서도 핀다

이스트로 부풀어진 이 시간
호사스런 시어들이 뛰어다니는
시간들의 풍경과 여백은
형형색색 불꽃 세례가 터지는
열정적이고 감미로운
쇼팽의 즉흥환상곡이다

이 밤 드림 캐쳐 구슬 소리 영롱하다

어떤 분명한 사건

암울한 하늘은 새의 배경이 되었다 눈부신 낯선 새 한 마리는 울지 않고 나뭇가지에 다리를 숨기고 숨는다 또 한 마리 온다 맞은편 하얀 목련은 보지도 않고 그곳에 안긴다 불도 켜지 않고 하늘도 보지 않고 잎이 없는 앙상한 나무에서 잘 논다 고요한 환상의 장소에서 우정이 쌓인다

어느 날 바람이 갑자기 세차게 분다 나뭇가지는 거칠게 흔들리며 쿨룩쿨룩 기침을 한다 새들은 떠나고 말았다 나무는 외로워 새들이 돌아오기를 기다리고 기다린다 감당할 수 없는 무게로 서서 하루를 이고 있다

고요히 내 안을 반쯤 닫는다 다른 한쪽 커튼을 쥐고 있는 내 손이 아직 움직이지 않는다 나도 외로이 떠나간 친구를 기다린다 소멸을 딛고 허공에 중독되어

내 안에 네가 있어

한 그루
철쭉이 늦게 핀 까닭을 알겠다

공항 밴에서 내려
여기 서울 22년을 한 번에 껴안는다

알록달록한
여기를 서서히 담으며
9일 간의 버킷리스트를 풀어 놓는다
성수동 대림창고 카페와 빈티지 거리 즐기기
한강 노을 바라보며 라면 먹기
샤로수길에서 인생 네 컷 찍기
마라탕과 보리굴비 정식과 장어구이 먹기
가수 '유재하', '김동율'의 전람회 LP판 구입하기

이미 연습된 언어와 푸른 정보로
한없이 공유되는 한국문화에
캐나다인 지민(Gi min)은 한국인인지
진정한 한국인의 삶을 살고파
버킷리스트를 하나하나 지우고

추억은 촘촘히 세우며
검은콩처럼 익어가는 시간을 붙잡는다

이젠 헤어질 결심을 해야 한다고 한
복숭아 속살빛 빵빠레가
냉동실에서 빵빠레 울리며
함께한 그 시간들을 떨어뜨린다

본정통* 도레미 사진관

겨울과 봄의 신선한 브런치
발랄한 봄 향기가 목덜미에 먼저 뛰어와 안긴다
청록빛 꿈의 본정통 거리를
분홍 슈즈를 신고 발레하듯이 걸어간다

그 옛날 여고 졸업 앨범 준비로
유난히 손과 발이 분주했던 깡마른
'도레미사진관' 아저씨
우리들 얼굴은 모두 달라도
소원의 무게는 하나
더 예쁘게 더 날씬하게 더 특별하게 보이도록
롤러스케이트를 많이 타본 듯
그럴싸하게 연출한 세 소녀
상트페테르부르크 발레 '백조의 호수' 프리마 발레리나인 양
섬세한 테크닉과 청초한 모습의 백조 '오데뜨' E 소녀
그 당시 합성기술 사진
놀라운 발상과 실험정신이 가히 경이롭다
그래도 깔깔대던 그때 그 여고시절이
순수시대 풋향기로 발효되어 고여 있다

오색 빛깔과 알록달록한 피륙들의 화음이
즐비하게 쌓인 포목상회를 지나
고급스런 '만복식당' 생과자를 먹으며
본정통에서 향천사를 지나
무릎 통증 없이 노랑나비처럼
금오산 기슭으로 가고 있다

그때 파종했던 꿈들이
어떻게 발아했는지
지금은 어디서 어떤 꽃잎으로 있는지
인공눈물이 매화꽃망울을 피운다

*충남 예산 읍내 길

길 잃은 텃새

파란 하늘빛이 물든
종로3가 탑골공원
독립만세군은 보이지 않고
꺼무스름한 옷을 입은 늙수그레한 할아버지들이
독립만세 거점을 움직이나 곧 떠날 채비를 하는 듯
철새처럼 여기저기 거뭇거뭇하게 앉아 있다
군데군데 독립운동을 시중드는지
빨간 립스틱에 만국기 같은 옷을 입은 여자는
연상 하얀 이를 드러내며 재빠르게
노인 곁에 앉아 박카스와 함께 웃고 있다
풍경소리와 부처님의 그윽한 눈빛이 난반사된다

운현궁 지나 낙원상가 초입
시간의 흑백 기념사진 찍듯
꺼무접접하게 새우등으로 앉아 있는
길 잃은 텃새들
장기將棋와 구름 한 자락,
정오를 가로지른 한나절이
인화된 사진처럼 이 모퉁이에 걸려 있다
홍선대원군은 도포 자락을 휘두르며 긴 담뱃대를 물고는

포진법 훈수를 한마디 놓고 간다

초록빛 광휘의 시간은 이젠 부장품이 되었나

QR코드

매화 꽃무늬의 짝퉁 가방들
지하철역 바닥에 즐비하게 앉아 있다
백화점 판매용이라고
앙프렝뜨, 버블그램 레더, 토리옹 가죽 패턴까지
LV가 코웃음 치며 총총히 걸어간다
소 풀 뜯는 소리라고 지나가는 송아지가 웃는다
멍하니 바라보다가 아예 쭈그리고 앉아서
이리저리 만져보고 뒤적거려 본다
가방이 나에게 특급비밀을 알려준다

눈을 크게 뜨고 촉수를 올려봐
돋보기를 꺼내서 동공을 크게 열어봐
난 척 보면 아는데
비밀스런 컬러로 복제된 문양들을

네가 무슨 동물 어느 부위인지는 중요하지 않아
숨소리도 안 들릴 텐데
지퍼는 완고하게 입 다물고 있다

그런데 너는 QR코드처럼 감정이 없는 걸까

현실을 거부하지도 인정하지도 못한 채
지하철역 콘크리트 바닥에서
너는 너를 오디션 하듯 앉아 있다

어미젖도 다 못 먹었는데
젖내음까지도 다 날아가 버려서
이젠 욕망도 감정도
고스란히 다 여기에 가둔 채
지퍼를 열어도
어미의 울음소리도 들리지 않는다

고래가 종을 칠 때

익산 가는 길
하늘에서 비늘 물살을 헤치며
고래가 날아간다

백제 무왕은 시간을
천일홍 꽃무릇 봉숭아 꽃물로
5층 석탑에 층층이 찍어 보내고
백제왕궁 천년의 시계들은
창문을 모두 열어 놓는다

성큼성큼 그의 발바닥 소리가 난다
왕궁에서의 짧은 시간은
꽃 모양의 금구슬, 청옥구슬, 자수정 장신구처럼 눈부시고
서동요가 앉을 의자들은 텅텅 비어 있다

오리는 나무막대 위에서
햇빛 바람과 수런거리고
베이비 세이지는 매혹적인 빨간 입술로
시간을 탁탁 찍는다
'고스락' 장독 안에서는

스락스락 시간을 점검하며
비누 거품 같은 결심을 한다

'아가페 정원'의 '피에타'조각상은
남녀유별의 '두동교회' 종소리를 고요히 듣는다
고래 속의 난 지금 여기에서
평온의 시간을 댕~댕 치고 있다

*고스락 : 으뜸, 최고라는 순우리말.

울음이 타는 방

박쥐처럼
어둡고 축축한 곳에서
곰팡이 거미줄과 함께
볕뉘도 거부한 반지하방에서
살아야만 하는 이유를
당신은 알고 있습니까
뜨거운 고독은 여물어 굳어져
쇠막대가 되었느니

한여름 폭우 속 반지하방에
어쩔 수 없이 갇힌 채로
왜 주저주저하게 했나요
산다는 건 알 수 없는 메타포라지만
한 생의 뇌 속을 헤집어 놓더니
이젠 죽음도 방생해야 하나요

그대는
하얀 봉숭아꽃에 스며들어
다시 빨간 꽃으로
고샅길 푸서리에

아무도 본 적이 없는, 생각해 본 적도 없는
어느 누구의 꽃으로라도 피어날까요

무의도 옆 실미도

무의도는
덩 기덩 덩덩 더 더덩 덩덩
둥 기둥 둥둥 두 두둥 둥둥
무장무장 서러운 파도 구음에 맞춰
한풀이 수건 춤추는 여인 모습
낙지도 휘모리장단에 춤추며 연포탕 속으로

무의도와 실미도 사이에서
포스터 같은 울금빛 조끼와 숨바꼭질하는 조개들,
하얗게 부서진 조개껍질 길 끝자락에서 만난
태고의 바다 만물상은
프러포즈 깜짝 이벤트인 양
파도처럼 와락 나를 덮친다
덩그런 바위에 붙은 눈물로 적셔진 따개비들
죽음조차 영롱하게 빛나며
실미도의 뼈아픈 슬픔을 어르고 있다

갈매기는 끼룩끼룩 끼루룩 끼룩
비행기와 돛단배, 그물망 속 검은 바지락도 해독한다
녹슬지 않는 그때 그 아픔의 기호를

'넬라 판타지아' 오보에 소리를 담아
여기 자유로운 안개에 풀어 놓는다

화이트 롱코트

화이트 롱코트가
드레스 룸 옷걸이에 펭귄의 모습으로 서 있다

아직 가 보지 못했다
모래찜질을 즐기고 있을 남아공 자카스 펭귄,
더군다나 양떼구름처럼
보딩패스 없이 남극 펭귄 섬에 갈 수는 없다
기아로 신음하고 있는 아프리카를 떠올리며
펭귄표 통조림으로 김치찌개를 하지 않았다

극한의 추위 속 남극의 황제펭귄
동그랗게 겹겹이 꼭 붙어 하나의 덩어리로
천천히 끊임없이 회전하여 포옹의 중심에 들어가
안쪽에서 몸을 데운 펭귄은 밖으로
추위와 눈 폭풍에 떨던 바깥쪽 펭귄은 안쪽으로
그들은 뜨거운 포옹으로 냉기를 온기로 끌어올린다

불우이웃을 위해 아까징끼처럼 빨갛게 울어 본 기억이 없다
절망 속에 방황하고 있는 사람에게
뜨거운 포옹으로 다독거려 주지 못했다

추위 속에서 낡은 라면 박스로 낡은 몸을 감싸고 있는
지하철 가랑잎들에게 따뜻한 옷 한 벌 주지 못했다

구세군 딸랑딸랑 소리가
나를 건너 노숙자 이불로 걸어간다
무형의 틀이 체온 깊숙이 꽂힌다

브리지, 관계학

찌릿찌릿 아프다 입속에 계속 물이 고이고 특유의 냄새와 도구가 이에 부딪치는 소리에 가슴은 검은 콩처럼 쪼그라드는 창백한 오후다 영화 '콰이강의 다리'에서 포로가 된 연합군이 휘파람 불며 행진하는 그 발자국 소리가 귀에 쿵쿵거린다 '2분이면 곧 끝납니다' '후 하하하' 웃을 기미가 어슬렁거린다 의사 안경의 브리지가 내려오면서 꽝꽝 소리와 마취주사로 무장하고 인내를 시험한다 드라마 '미스터 션샤인'에서 남자 주인공이 일본군을 밀고 나가 열차 마지막 칸에 몰아넣고 남은 총알 한 발로 열차 칸을 잇는 브리지를 쏴서 분리시키듯 발치하고는 2분이 지나서도 내 고통은 연장되어 목조 콰이강의 다리를 만들 기세다 정조 능행차를 위해 배를 잇달아 띄운 브리지 '배다리'도 임시 마무리된 두 달 후 오늘도 시큰시큰한 통증 속에서 임시 목조교량 브리지를 뜯어내고 단단한 도자기 브리지를 세운다 잠시 '휴우' 숨 돌리지만 이물감 속 침묵이 흐른다 철교 콰이강의 다리는 태국으로 건너가고 배다리는 한강진 리움 LED 화면 속으로 서서히 걸어 들어간다 손거울로 입속 브리지를 구경한다

난 흰 버섯처럼 하얗게 웃을 수 있을는지…

제5부

오늘의 페르마타

쇼, 시뮬라크르

쇼가 끝난 후
조련사인 내 앞에서
공연장 콘크리트 벽을 껴안은 채
파동의 이중주인 듯, 차마 고통의 그 눈빛으로
스스로 목숨을 멈추는 모습을 보고야 말았습니다
감금에서 영원히 풀려
이젠 자유의 파랑새가 된 걸까요
쇼는 영화 '매트릭스'처럼 진실의 빨간 약이 아니라
허상의 파란 약일지도 모릅니다

싱싱하게 펄펄 살아있는 것을
좁은 만灣에 가두고
돌고래 숨구멍을 작살로 마구 찔러
바다는 온통 빨갛게 출렁거립니다
내 눈도 빨갛게 부어오르고
리스트의 '라 캄파넬라' 피아노에선 작은 종들이
물방울처럼 통통 튀어 올라 넘쳐 흐릅니다

동물과 인간이 공존하는 초록 시대
이젠 조련사가 아닌 돌고래 애호 운동가로
오늘도 난 노란 피킷 들고 거리에 나섭니다

닫히지 않는 방

'모던 뽀이 구두의 고향'
염천교 수제화 거리에 나선다
서울역 2번 출구,
열사 강우규 동상과 서울역 파출소가 수문장으로 서 있고
옆에는 종이집들이 켜켜이 쌓여 있다
양복 입은 노숙자는 닫히지 않는 방을 옮기고
인형, 책, 이불, 찻잔, 세간들이 즐비한 노숙자는
밥상에서 식사한 후 그럴싸한 침대에서
수면잠옷 입고 이른 저녁잠을 청한다
저쪽 노숙자들 노숙을 담보한
막걸리 한 잔과 왁자한 화투놀이
못 견디게 애처로운 몸짓이다
바닥에 광고지가 뒹구는 듯
돌돌 말린 넥타이가 거리에 누워 있는 듯
그 옛날 만남의 광장이 예기치 못한 낯선 광경으로
냉동된 감정을 비집고 들어온 바람에
성에처럼 박힌다

오랜 시간을 품은 염천교 수제화 거리
막 춤추고 숨 고르며 앉아 있는

살사화, 탱고화, 스윙화, 모던화
암벽 자일을 잡고 2층에서 그들과 말을 건다
아래 철로 가 이팝나무 꽃은 탐스럽게 피었는데
열차는 무심한 척 자기 길만을 달린다

이웃을 얼마나 외면하고 살아왔는지
세상이 보낸 미확인 서신을 펼쳐보며
난 이 노숙자 거리를 지친 패잔병처럼
휘청휘청 걸어간다

그럼에도 불구하고 아스콘 바닥에 냉커피가

빗질 안 한 헝클어진 머리
검은 비닐주머니 2개
말문이 막혀 있다
거렁뱅이로 분장한 연극배우인 양
바닥에 쪼그리고 앉아
희망봉을 바라보고 있을까
빗방울은 저 홀로 바닥을 뒹굴고
그래도 마시다 남은 테이크아웃 냉커피가 옆에서 기다려준다

주가는 바닥을 치고
코인은 밑바닥을 뚫고
단애斷崖로 추락
한숨이 안개로 덮여
동공이 흔들리며 갈팡질팡하는데
객장에 서 있는 돈나무 말이 없다

우산 쓰고 이곳을 스치며
바닥을 걸어가는 사람들
바닥을 킁킁 훑으며 쫓아가는 쫑이

희망은 절망의 바닥을 딛고 일어서니까

그럼에도 불구하고
지하철입구 아스콘 바닥에서 냉커피를 마시며
바닥을 적시는 차고 슬픈 빗방울을 보는
여자의 몽롱한 눈망울을 보며
다만 정지선 같은 삶의 빗금들을
그저 바라볼 뿐…

어제의 거리를 중얼거리다

세모歲暮의 남대문 시장
족발 통닭 사느라 길게 줄서고
건너편에서는
오색 불빛 아래 오색 물건들이 물결치지만
마른 풀 냄새나는 이 거리
올해 마지막 날 해의 꼬리를 붙잡는 듯
엎드려 애끓는 노래 부르며
'천국의 계단' 다육이처럼
아기가 배 밀면서 기어가는 모습처럼
거리를 밀고 가는 남자

보지 않는다 보이지 않는다 사람들은,
잠수부가 땅을 기어가는 듯해도
그의 손에 쥔 바구니는 얼어붙어 있다

티티카카 호수에 달빛이 쏟아지는데
호수 위 그 모습은 슬쩍슬쩍 지워져 간다
물에 녹지 못하는 어제가 꿈틀거린다

차디찬 내 손, 딱딱한 내 발

마른 풀 냄새나는 어제의 거리를
중얼거린다

104개 플라스틱의 몸을 메꽃이 장식하다

'늙은 꽃'*
중국 여성들이 쓰던 낡은 나무 빨래판
그대로 가로세로 배열한 240개 빨래판은
대신 플라스틱 빨래판을 주고받은 것
나무 빨래판 주름처럼
주름진 늙은 여인의 꽃으로
닮아지도록 살아온 애잔한
삶의 무늬가 배어 있다

부화한 지 얼마 안 된 바다 아가 거북이 뱃속에
104개 플라스틱 조각이 가득 차서
비닐봉지 잔뜩 먹고, 코에 빨대 꽂혀
더 이상 먹지 못해 영원히 잠든 아가 거북이들
그래도 먹기 위해 빵을 훔친 '장발장'을 부러워할까
하얀 메꽃은 슬픈 발라드에 춤추며
아가 거북이의 파란 슬픔을 장식한다

잠시 음 이탈도 귀가 아픈데
인간의 불감증으로 생태계를 이탈하며
생활의 편리로 침묵의 교란이 순환되는

이 고리는 언제 누가 끊을 것인가

중국의 플라스틱 빨래판 조각은
또 어디로 흘러갈 것인가

오늘도 미세플라스틱을 섭취한 사람들은
그을린 하늘을 보며 잔기침을 하고
몸살로 신음하는 지구의 호소문을 읽는다

*늙은 꽃 : 작가 최정화 작품. 국립현대미술관(2018)

루드베키아 카덴차

무음 속
눈 속에서 친숙한 고통으로
탄생한 카드뮴옐로 복수초 같이
김범의 '임신한 망치'*는
곧 아기를 탄생시킬 여인의 모습으로
환호와 함성이 펄럭인다

고흐의 여러 톤의 노랑 '해바라기'는
환희와 강한 생명력을 노래하고
'밤의 카페테라스'에서는
황홀한 존 브릴리언트옐로 파동이 일렁이는데

붓과 화면 사이에 비명을 그리는
'노란 비명 그리기'**
그는 고통스런 비명을 지르면서
레몬옐로를 큰 붓으로 가로로 칠하고
괴로운 비명을 지르면서 퍼머넌트 옐로를
군데군데 짧게 존 브릴리언트 옐로로 채운다
얼굴 같은 노란 띠들은 통증을 잘강잘강 씹으며
프레임을 부수고 성큼성큼 나온다

루드베키아 꽃들도 퍼머넌트 옐로로 붓질하고
매번 알리는 괘종시계처럼 꽃밭에서
새콤달콤한 미소로 걸어 나온다

*김범: 1963년 출생. 2023년 리움 미술관에서 전시(7.27~12.3)된 '바위가 되는 법'

**김범의 '노란 비명 그리기': 여러 고통스런 비명을 지르면서 여러 노랑을 칠하는 동영상

코끼리의 울음

말이 그려진 일력을 떼어내 고이 접던 아버지

왈칵 터지는 기억 때문에
시간은 냉동 오디처럼 달라붙는다

아버지와 나
가끔은 코끼리 다리 같은 벽이 딱 가로막았지

하얀 국화를 좋아하신 아버지
꽃과 잎을 정성스레 창호지 문에 붙이곤
가을을 보내듯 톡톡 두드리셨다
그 소리에 그 작은 몸집엔 깊은 슬픔이 배어
나도 그 슬픔 곁에 누웠다

숨겨진 시간을 몰래 열어본다
찌푸린 불빛이 내려다보는, 석관처럼 조용한 곳
당신은 아직 해야 할 일을 걱정하는데
해체되고 있는 시간을 보고 있는 유전상속자들
또 몸이 점점 완고해진다

그 앞에는 하얀 국화가
옆에 또 그 옆에 국화가 핏기 없이 누워 있다
흘러내리는 눈물 눈물이, 울퉁불퉁했던 그때의 그 말이
거미줄로 달라붙는다
사과 사과하며 하얀 소국을 머리에 꽂는데
어디선가 소쩍새 울음이 돋는다

헤어짐은 만남을 품고
뫼비우스의 띠처럼 이어져 있을까
일력을 뜯어낸 종이들이 반송되는 오늘

구운 베이컨과 부드러운 자화상*

갈색으로 잘 구워진 베이컨 한 조각,
마술사처럼
날카롭게 꼬아 올린 콧수염에 피어난 꽃
언제 나비가 물고 날아갔을까요

일그러진 영웅이
치즈처럼 부드럽게 녹아 흐르고
몰인정한 나무 지팡이, 철물 지지대에
의지하고 있는 잘 구워진 왜곡된 얼굴
몽환에서 당신을 뽑은 부드러운 자화상이
설치미술인 듯 난시처럼 흔들리네요

고정관념을 깨는데
얼마나 많은 시간이 지속되어야 하나요
우리 사회의 현실은
모두가 사실인가요
묻고 있는 사람, 당신이네요

'나는 내가 미친 줄 알고 있어
그러니 나는 미치지 않았어'

감금된 시간을 놓아주고
흐물거리는 나를
지금도 길게 녹이고 있는 중이거든

*살바도르 달리 작품

'N'이 배 위에 누워

잠시 물을 마시는데
'20대들이 홍대 가서 마저 마실까' 하는 말에
순간 몸서리쳤다

저녁에 한남동에서 커피를 마시다가
무작정 이태원으로 급히 갔다

전쟁터가 된 이태원
상상을 초월한 일들이 여기저기에

이태원 지하철역 큰 길 가에 누워있는 사람들
호흡곤란으로 얼굴 입술이 푸르스름, 청색증
멈출 수가 없다 골든타임 4분이니
두세 시간 CPR하고 탈진
쪼그려 앉아 있는데
맥박이 없는 사람 배 위에 N 글자가 잡힌다

경찰이 뒤엉킨 환자를 분리한다
환자당 3~4명이 손바꿈으로 심장을 압박한다
복부팽창으로 입 코에서 피가 흘러서

CPR을 중단해야만 했다

일각에서는 여자환자를 덜 구조했다는 소리가
귀를 막고 싶었다
동생처럼 보이는 앳된 얼굴 코피 묻은 얼굴 모습이
탁본처럼 박힌다

시민들과 한마음으로 애를 썼는데도
살아난 사람은 없지만 살아남을 거라고 믿고 싶은
의사인 무능한 나를 자책한다
시간 속에서 그 참상을 무참히 걷어내고 싶다

'꼬까삐'* '리타나이'**가 공중에서 쏟아진다

*남도의 산촌에서 마을 처녀 총각들이 짝지어 산에 가서 진달래 꽃을 꺾어다가 특정의 무덤에 꽂아주어 진혼하는 민속 나들이.

**슈베르트 진혼 가곡.

분홍원피스 여인을 위한 '카루소'

아이섀도우 케이스 크기의 호텔 베란다에서
비에 젖어 처절을 긁는 첼로의 '카루소'
흘러내리는 빗물이
눈물 되어 흘러내리네요

지난 답사 사진에서 유독 건강하게
분홍으로 웃고 있는 진분홍원피스 입은 여인
철쭉 향으로 출렁거립니다
당신은 맨발로 걷는 것을 아주 즐겨했지요
아니 몸소 실천했지요
시범적인 고난도 요가 모습도 어른거리네요

지금도 병상에서 눈을 감은 채
원색 의상 입고 경쾌하게
맨발로 걸어가는 꿈을 꾸고 계신가요
꽃수 놓은 손수건을 드릴까요

비 오는 이 아침에
당신을 보며 당신을 위한 '카루소'를 보냅니다
들리시나요 죽음을 스치는 소리가

떨어진 목백일홍 꽃잎처럼 안쓰러워
황홀한 루비 반지 하나 끼며 다독여봅니다

행복한 눈물

당신이 그리워서 웁니다

그때는 가슴이 쿵쿵거렸습니다
내리 부서지는 태양 아래
땀방울로 적셔진 몸을 스치며
연꽃처럼 가만가만 걸었습니다

그때가 좋았습니다
바닷가 모래밭을 나비처럼 걷는 뒷모습을
그저 바라보며 미소 짓던 당신 모습이

그때가 참 좋았습니다
먼발치에서 애틋하게
잘게 손 흔들며 하루를 작별하던
당신 그림자가

모차르트 '클라리넷 협주곡' 아다지오가
티라미수 같은 사랑으로
다 내게 걸어오고 있는 것 같아
행복한 눈물이 뚝뚝 떨어집니다

가슴 아리게 그리워지면
또 그렇게 울 것입니다

행복의 근력

선물인 오늘
무감각해진 일상에
촉각적인 마조렐 블루의 터트림이
신선한 지각을 데려와
펼친 우산도 십 년 전의 각도로 돌려놓는다

궁중의상 입은 여러 잡지표지와
접시꽃 앞에서의 드레스 입은 모델은
거울처럼 고요히 서 있다
타이스*의 '거울의 노래'도
거울 앞에 서 있다
일상성을 깨트리고 색광色光의 연속적인
스펙트럼은 스펙터클하다

진진초록으로 외면만 덧칠해진 포장이지만
인사도 없이 헤어진 어제의 시간이
내장 하드 속 오로라 핑크를 드래그하고
슬픔이 감금된 오늘은
시간의 파레트에 떠들썩한 물감을 짜놓고
기표記標의 초침을 뚫고

시방 비밀번호를 마구 붓질하고 있다

*타이스: 쥘 마스네가 작곡한 오페라 이름

오늘의 페르마타

어제를 질질 끌고
오늘의 언덕에서 또 올라가고 내려가야 하나

오늘은 봉황 문양 화문석을 도르르 펴서
나 홀로
노란 앵삼을 걸치고 빨간 허리띠를 두르고
초록색 하피를 양 어깨에 내려뜨린다
화관을 머리에 쓰고 초록색 신을 신고
오색의 한삼을 손에 끼운 채
바람결에 나뭇가지가 흔들리듯
팔을 뒤로 여며 무릎을 굽히는 동작의 풍류지,
사예거* 탑탑고**와
발꿈치를 좌우로 드는 비리飛履로
꾀꼬리가 녹색 버드나무를 날아다니며 노니는 듯
화사하게 춘앵무春鶯舞를 춤추리

노란 깃털 꾀꼬리 꾀꼴꾀꼴 가득하고
연둣빛 산버들 삐리삐리 훙건하다

천천히 물 흐르듯

한없이 고요하고 우아하게
오늘을 페르마타*** 하리

*사예거: 오른쪽과 왼쪽을 번갈아 사선으로 걸음을 옮기는 것.

**탑탑고: 한 계단씩 탑을 오른다는 뜻.

***페르마타: 악보에서 음표나 숨표의 위나 아래에 붙어서 본래의 박자보다 2~3배 늘여 연주하라는 뜻(늘임표).

별터, 낙성대

별을 찾으러
낙성대역에 내린다
우람한 관악산이 껄껄 웃으며
별은 어둠 속에서
빛이 난다고 한다

갑옷 입고 투구 쓴
말달리는 용감한 강감찬 장군은
귀주성의 솟대처럼 칼을 뽑으며
강감찬 주말농장, 인헌초등학교, 인헌중학교,
서울대학교 여러 별들을
각설탕처럼 녹여
사랑스럽게 보듬어준다

슬픔은 없고 뜨거운 삶만 있는
원룸, 옥탑방과 면접용 옷이 걸려 있는 세탁소도
꿈의 붕대로 감싸준다

장군의 별이 관악의 별들을
큰 원으로 둘러안아

희망과 용기를 주는
여기는 별터, 낙성대

몸은 모든 것을 알고 있다

돈의 방정식인가
X + 방부제=∞ 돈
'농약에 찌든 버섯은 건강을 해치는 독초가 된다'
농약을 살포하면서 은밀한 대화를 즐기는 어느 중국 남자
과일 야채 해삼은 무조건 방부제 탄 물에 세척 판매하고
물고기엔 항생제 주사를 놓지
뜰에 서 있는 모란의 뺨에 눈물이 핀다
이것들이 밤새도록 SNS 타고 올라 철석거려도
정지를 모르는 무감각한 사람들
난 방부제 같은 견고한 생각들을 잘게 부수어
휴지통에 넣기를 허락하고 비우기를 클릭한다
돈의 권력을 스크린 뒤에서 결탁하는 단단한 사람들
방부제의 붉은 절규 냄새와 레퀴엠 냄새는
같은 무게로 앉아 있다
그들은 복면가왕처럼 복면 위에
돈의 가면을 덧쓰고 있음을
우리 몸은 다 알고 있다

해설

|해설|

박연숙 詩에 나타난 시간 위의 감각 놀이와 현란한 이미저리

— 경계를 넘어서는 탈경계의 놀이를 중심으로

정 신 재

(시인·문학평론가)

1. 시와 음악과 미술을 엮는 마법의 미학

박연숙 시인이 두 번째 시집《움직이는 트럭에 탄 들뢰즈》를 출간한다. 이 시집에는 화자의 경험에 내포된 시적 영감과 음악적 감성과 미술적 색채가 절묘하게 조화를 이루어 현재의 시간대에서 자아로 결합되어 맑고 투명하게 표현되어 있다. 마치 예쁜 퍼즐을 맞추듯 맑고 영롱한 시어들이 통통 굴러가는 듯하면서도, 멋있는 클래식 음악을 만나 풀밭 위에서 뒹굴고, 조각보 위에서 가난하고 소외된 자들의 내면을 엿보는 활력이 있는 놀이가 되는 것이다. 필자는 이러한 흐름이 시와 음악과 미술, 그리고 과거의 기억과 미래의 연상이 '현재'라는 시간대의 자아에 해체되고 결합되는 놀이라고 규정짓고 싶다. 이 시집은 5부로 되어 있다. 제1부 '조각보는 즉흥 색채곡이다'. 제2부 '누가 경이로운 달의 얼음을', 제3부 '움직이는 트럭에 탄 들뢰즈', 제4부 '브릿지, 관계학', 제5부 '오늘의 페르마타' 등의 제목에서도 볼 수 있듯이, 무한으로 나아가는 상상과 언어가 가지는 상징들이 철학적 사색과 개인의 존엄을 오가며 존재와 사물의 본질을 들여다보게 하는 현재의 자아로 형상화되어 펼쳐진다. 그러면서 시가 시간을 여러 이미지들이 흐르는 듯한 이미저리로 형상화해 놓았으면서도 난해하지 않고 여러 물감을 용해하여 낭만적인 분위기가 그려진 듯한 풍미로 나타난다.

시에는 - 자연의 시간을 인간의 이성으로 규정해 놓은 과학적 시간과는 다른 - 문학의 시간이 작용한다. 문학의 시간에는 시인의 경험이 과거의 기억을 끌어오고 미래의 연상을 가져와 '현재'의 자아에 접목하는 유연성이 자리 잡고 있다. 그리하여 시인의 시에 들어서면 다양한 이미저리로 마치 유채색의 생동감 있는 홀로그램을 보는 듯한 착각을 느끼게 하는데, 이는 경험 · 기억 · 환상 등의 다양한 시간대에서 나타나는 이미저리를 '현재'의 자아(현재라는 시간에 모아진 화자의 내면) 풀어서 이루어진다(이를 한스 마이어호프의 용어를 빌면 '표면적 현재'[1]라 한다). 이러한 여러 시간대를 활용한 이미저리에는 언어로 수 놓은 감각적이고 환상적인 존재가 나타나는데, 이는 마치 인간과 로봇을 결합해 놓은 유채색의 화폭에 홀로그램이 뛰노는 듯한 기분을 느끼게 한다. 화자는 때로 제우스와 감각 놀이를 하고, 조각보를 수놓으며, 몸으로 춤추고 클래식 음악으로 차를 마시는 재주가 있다. 그것은 신화의 세계를 현재의 시간대로 끌어와 마치 미술의 세계인 것 같으면서 음악의 세계이고, 조각보를 지어가는 바느질이면서 치열하게 몸부림치는 삶의 맛이면서, 상상의 세계를 현실과 엮는 분위기가 있는 '카페'(현재의 자아)로 연출된다. 그리하여 다양한 시간대가 연결된 시간의 기둥에 매달려 상상과 감각의 놀이를 하는 듯한 실존을 마주하게 된다.

속옷이 아주 야한 여자이다
외투는 자주색 비단이고
블라우스는 초록에 검은 땡땡이로
고깔모자 벗은 피에로와 닮았고
란제리는 빨강과 노랑으로

---

1)한스 마이어호프, 김준오 역, 『문학과 시간현상학』(서울: 삼영사, 1987), 57쪽. "시간이 순간순간의 경험들을 통일하는 것이라고 생각한다는 것은 시간이 마음을 통합하는 것이라고 보는 일이다."

정열적이고 개성이 넘치는
새콤달콤한 젊은 감각의 소유자다
그녀는
아픔을 넘어선 열정의 삼바 축제
브라질 전통 옷 색깔 닮은
'패션 프루츠'

계속 벗기고 빨아 먹고 싶은
오묘한 맛과 백 가지 향을 지닌
여신의 과일로

그녀는
시계꽃을 땅에 묻어버리고
수난의 아픔으로 태어난
열매 과일 '패션 프루츠(Passion fruits)'다

저편 해학이 껄껄 웃으며
'속옷이 아주 야한 패션이네'

— 〈패션 프루츠〉 전문

고혹적이면서도 관능미 넘치는 여자가 있다. 이 여자는 홀로그램처럼 자유로이 상상과 경험을 오가며 사람의 마음을 사로

잡는 흡인력이 있다. 그는 AI인 것 같으면서 사람이고, 자연인 것 같으면서 인공이다. 자연과 인공, 사람과 AI가 '현재'라는 시간의 범주(자아)에서 만나 이루어지는 언어의 마술이 이미저리로 펼쳐진다. 그럼으로써 늘어졌던 감각이 살아나고, 정지되어 있던 몸의 감각이 역동적으로 움직인다. 화자는 '패션 프루츠(Passion fruits)'가 되어 탐스러운 생명체로서의 역할을 수행하며, 과거에 있던 기억을 가져와 수난의 고통스런 몸이었다가 현재의 시간에서 "해학이 껄껄 웃"는 여유로운 몸이 되고, 과거의 기억과 현실의 경험과 미래의 환상을 오가는 자유로움을 만끽한다. 화자는 아주 야한 속옷을 입은 여자였다가(관능미) 비단 외투를 곱게 차려 입은 교양 있는 여인(원숙미)이 되고, 블라우스로 모양을 낸 여인(숭고미)이 되기도 한다. 이렇게 볼 때 화자는 과거와 현재와 미래, 기억과 경험과 상상을 '현재'의 자아에 콜라주 시키는 화법을 발휘한다. 화자는 현재의 생기와 감각으로 옷과 음식의 경계를 넘나들며 시원한 시각과 맛있는 미각을 감지하고, "수난의 아픔"과 "저편 해학"을 넘나드는 "아주 야한 패션"이 생동하는 흡인력이 있는데, 이는 다 시인이 정해 놓은 시간대에 나타나는 이미지들을 넘나들며 이루어지는 놀이인 것이다. 여기서 시간은 화자가 정열과 개성을 체득하고, 속옷을 입은 나신(裸身)의 몸으로 자유로운 영혼이 되어 현실의 고통과 웃음을 넘나드는 생의 활력을 제공한다. 이는 미술과 시의 장르를 넘나들며 체득된 세계여서, 현실과 환상의 무대를 넘나들며 입체감이 살려지고 AI와 사람이 결합된 듯한 '현재' 위에서 펼쳐지는 놀이다.

2. 신화와 현실이 만나는 활력 있는 놀이

신화神話(myth)는 한 나라 · 민족 · 문명권으로부터 전승되어 과거에는 종교였으나, 더 이상 섬김을 받지 않는 종교를 뜻한다. 신화는 과거에 다양한 문화로 나타났으며, 이는 건축, 문학, 예술뿐만 아니라 언어에까지 영향을 미쳤다. 신화는 우주론을 포함하며 종교의 체계를 가지고 있다. 모든 신화는 종교로 비롯되어 우주론이 그 안에 존재한다. 신화는 예술과 밀접한 관계를 맺고 있으며 문학과 극, 음악, 미술, 조각 등으로 전해졌기 때문에, 다양한 자료가 남아 있다. 신화의 기능은 인간 행동에서의 의미와 규제를 가리키는 것이다.

시인의 시는 신화의 시간과 일상의 시간이 현재 위에 모아져 화자의 경험과 상상을 엿보는 기회를 제공한다. 여기에는 "제우스" 등의 단어가 활용되었다. 이는 과거와 현재와 미래, 기억과 경험과 연상이 활용되어 나타난 결과이다. 곧 시인의 신화는 신과 인간의 경계를 넘나들며 현재의 시간에서 펼쳐져 자유분방하며 생동감이 있다.

신과 인간의 아버지

하늘의 지배자 제우스

연꽃이 피고 지는 동안에
견고한 시간들이 말랑말랑해지는 소리
올림포스 산에서 권력을 휘두른 소리
길게 끌고 내려온다

그 권력이라는 말의 껍질이
사각사각 하나씩 하나씩 벗겨지는 소리 낭랑하다
휘몰아치는 함성의 천둥과
칼날로 빗금 친 벼락도 멈추니
더할 나위 없이 평온하다

거기에다
제우스는 하얀 망사 면사포 쓰고
한국 전통 문양의
화려한 자수의 빨강 치마에
가슴엔 용무늬 둥근 흉배
팔엔 보석 박힌 십자가에 섬광이

권력도 우월도 인종 차별도 없이
서로 차이를 인정하고 사랑하며

조화롭게 하나가 되는 세상을 위해
탁탁 낮익은 음악으로 성큼성큼
시방 걸어오고 계시나요

*박연숙: 제우스에 면사포, 보석 십자가, 꽃자수 치마, 27cm X 26cm X 22cm, 2022.

— 〈제우스는 면사포를 쓰고〉 전문

이 시는 각주에서 설명하였듯이, 시인이 2022년에 전시한 설치작품과 관련되어 있다. 신화가 그려졌다기보다는 신이 가지고 있는 활력을 화폭 위에 서술해 놓았다고 보아야 할 것이다. 신과 인간의 자연스런 만남은 화폭 위에 그려진 시간 위에서 가능하다. "제우스"는 인간에게 징벌을 내리고 저주하는 횡포의 존재가 아니라, 인간에게 평안을 주기 위해 "탁탁 낮익은 음악으로 성큼성큼" 다가오는 친근한 이미지를 가지고 신화의 시간에서 현재의 시간에 내려온다. 여기서 "제우스"는 "권력도 우월도 인종 차별도 없이/ 서로 차이를 인정하고 사랑하며/ 조화롭게 하나가 되는 세상을 위해" 다가오는 역동적인 존재가 되는데, 이는 상상과 경험, 신화와 현실, 과거와 미래가 현재의 시간에 묶여진 그림이다. 그리하여 제목 '제우스는 면사포를 쓰고'에서 알 수 있듯이, "제우스"는 희랍 신화에 나오는 바람둥이 신과는 다른 부드러운 이미지로 재탄생된다. 신이 가지는 엄숙함과 인간이 가지는 자유분방함이 탈경계 되어 초월적 능력을 발휘하는 듯한 생기발랄한 존재가 되는 것이다. 이는 신화가 가진 인간 행동에서의 의미와 규제보다는, 신이 인간을 위해 조화와 평안을 모색하는 제스처를 취하는 현재(과거의 기억과 미래의 환상이 현재의 시간대에서 모아지는 '표면적 현재')의 실존적 상황으로 시간대를 맞추어 놓아서 이루어진 결과이다.

이렇게 볼 때 시인의 시세계에는 신화와 같은 징벌적이고 차가운 규제의 범위를 벗어나 신이 인간을 살갑게 대하면서 신과 인간이 서로 호혜적인 태도를 취한다. 이러한 탈경계의 놀이는 '현재'의 시간대에서 이루어짐으로써 활력이 있다. 곧 신과 인간을 넘나드는 탈경계가 두 존재의 공통분모인 활력을 가지고 시간의 놀이로 역동적인 작업을 펼치는 것이다.

3. AI와의 탈경계 놀이

몸은 뇌와 심장 등의 장기와 뼈와 근육과 팔다리와 피부가 유기적으로 연결되어 하나의 전체를 이루는 생명체다. 이 중에 어느 하나라도 제 기능을 하지 못하면 불구가 되거나 죽게 된다. 시인의 시는 이와 같은 몸의 기능이 철저하게 보장되어 있다. 제1부의 제목 '조각보는 즉흥 색채곡이다'에서도 알 수 있듯이, 시인의 시는 언어와 미술과 음악이 한데 어우러져 '조각보'라는 몸을 이루고 있다. 그의 시는 이 몸에 생기를 불어넣어 활력이 넘치게 한다.

신당이 없는 신당동
키오스크에서
천사의 눈물 먹오딧비빛 콜드블루를
주문 결제한다
미소도 눈맛도 없이
바리스타 로봇이 힘줄 선 굵직한 팔로
춤추며 부드럽게 만든 커피,
포스트 코로나가 던져 준
온정溫情의 그물을 빠져나온 비대면 선물인 듯
'스타워즈' 알투디투 같은 서빙 로봇이
요리조리 자유로이 유희를 하며
친절한 말을 독백처럼 날리면서
사람과 대면한다

미래는 대면이 대면을 따르지 않아
향기 없는 치자꽃처럼 서글프고
일자리는 일자리를 따르지 않아
알바 청년도
영혼이 보이지 않는 무당처럼
장독 뒤에 침묵의 암회색으로 앉아 있겠지

로봇 사람인가
사람 로봇인가
공존해야 할 새로운 패러다임인가

— 〈카페 로봇의 유희〉 전문

"신당이 없는 신당동"이 암시하듯, "바리스타 로봇"이 작품의 주체가 된다. 시인은 이 로봇에 사람이 가진 활력을 불어넣는다. 이는 자연의 생명성과 인간의 인공적 행위를 합체하여 현재의 시간대에서 활력이 있는 존재로 재생시키려는 의지가 내포되어 있다. 자연과 인공, 생명과 무생명의 탈경계는 시인이 제시한 시간대에서 이루어진 담론이 되는 것이다.

시인이 "로봇 사람인가/ 사람 로봇인가/ 공존해야 할 새로운 패러다임인가"라고 고백하듯이, 현재의 시간 이미지는 과거의 기억과 미래의 영감을 담는다. 신 · 인간 · 로봇이 가지고 있는 특성이 현재의 시간에 놓여 존재에 생기와 활력을 불어넣는 것이다. "바리스타 로봇"이 있는 카페는 바로 사람과 기계가 가지고 있는 특성을 합하여 활력 있는 시간을 가지고 노는 곳이다. 곧 카페에서의 시간은 생기 있고 자유분방한 몸의 활력에 맞닿아 있다.

4. 소외된 자를 배려하는 타자의 시선

시인의 시에는 타자의 시학이 들어 있다. 왜 타자의 시학인

가. 타자는 주체를 닮아 있으면서도 주체를 다른 시선으로 본다. 주체와 타자를 탈경계의 시선으로 바라보는 것은 존재나 사물의 본질을 응시하기 위해서다. 우리 사회에는 너무 주체에만 얽매여 타자를 무시하는 편견이 내재되어 있다. 진보와 보수, 기업주와 근로자, 보금자리와 혐오시설 간에 편견이 없지 않다. 이는 나의 입장만 생각하고 남을 배려하지 않는 이기주의가 팽창해 있어서다. 이를 극복하기 위해서는 주체와 타자를 아울러 보는 탈경계의 시선이 필요하다.

복개천에 트럭장이 꿈틀거린다 당곡지구대 보라매 치안센터와 프라자 약국 사이에 요일마다 다른 트럭이 온다 주방도마 크기의 커다란 계좌이체 번호판이 눈을 크게 뜨고 꼭 붙어 다닌다 금방 볶아 파는 땅콩과 여러 곡물이 봉지봉지 속에서 똘망똘망 바라본다 히말라야 핑크 소금 죽염 등 사형제들이 직접 하는 염전이라며 방송에도 나왔다며 자부심이 의자를 꾹꾹 누른다 수요일 트럭은 알록달록한 꽃들이다 올망졸망 꽃분들이 생동감이 남아도는 정물화로 앉아 손님의 감각을 잘게 흔든다 다음 날은 뻥튀기 트럭으로 돼지감자 옥수수 쌀 콩 뻥튀기로 금방 튀긴 것을 맛보라며 한 주먹씩 정을 준다 또 다음 날은 생선 트럭으로 제주도에서 낚시로 잡았다는 번쩍번쩍 빛나는 은빛 양복 입은 신사 은갈치다 신사는 검푸른 눈을 멀뚱멀뚱 뜨고 이쁜 여자 보면

'혼저옵서' 하며 은근한 눈빛을 품는다

물건을 사는 사람과 사고 싶어서 힐끗힐끗 눈을 돌리며 파란 신호에 분주하게 횡단보도를 건너가는 사람들의 사람들은 판에 박힌 고정된 모습이 아니라 기운생동氣運生動한 운동감으로 보이지 않는 어떤 힘의 리듬의 싹으로 톡톡 걷는다

날마다 다르게 장이 서는 움직이는 트럭 장날은 굳어진 관습을 해방시켜 그때그때마다 유목적으로 접화接化되어 다른 그림이 되는 일회적 돌발 흔적으로 즉흥적이다 부용화도 여기에서 진분홍으로 곱게 화장하고 들뢰즈를 관광한다

*들뢰즈: '감각의 논리'

— 〈움직이는 트럭에 탄 들뢰즈〉 전문

이 시에는 일상적 경험의 시간 위에 트럭장과 행인, 물건을 파는 장수와 "물건을 사는 사람"의 시선을 타자의 시선으로 보는 안목이 개재되어 있다. 여기서 화자는 어느 한 쪽에 치우치지 않은 열린 시선을 공개한다. "들뢰즈를 관광한다"에서 그 힌트를 얻을 수 있다. 화자는 이를 위해 "날마다 다르게 장이 서는 움직이는 트럭 장날은 굳어진 관습을 해방시켜 그때그때마

다 유목적으로 접화接化되어 다른 그림이 되는 일회적 돌발 흔적으로 즉흥적"으로 파노라마 필름을 돌리고 있다. 이는 존재의 본질에 다가서기 위한 접근 방식이다. 타자의 시선을 고려할 때 트럭 장수는 행인에게 동정의 대상이 아니다. "장수"라는 타자의 시선으로 보면 그는 상품을 팔기보다는 정을 나누어 주고 있다. "수요일 트럭은 알록달록한 꽃들이다 올망졸망 꽃분들이 생동감이 남아도는 정물화로 앉아 손님의 감각을 잘게 흔든다 다음 날은 뻥튀기 트럭으로 돼지감자 옥수수 쌀 콩 뻥튀기로 금방 튀긴 것을 맛보라며 한주먹씩 정을 준다". 여기에는 또 다른 시선도 있다. "또 다음 날은 생선 트럭으로 제주도에서 낚시로 잡았다는 번쩍번쩍 빛나는 은빛 양복 입은 신사 은갈치다 신사는 검푸른 눈을 멀뚱멀뚱 뜨고 이쁜 여자 보면 '혼저옵서' 하며 은근한 눈빛을 품는다". 이렇게 볼 때 장수가 파는 것은 단순한 사소한 상품이 아니다. 그에게 상품은 정이고, 개성이다. 이는 장수를 행인의 입장에서 보는 고정된 시선이 아니라, '장수'라는 타자의 시선으로 주체를 아울러 보기 때문이다.

창의 경계를 놓고 볼 때, 창 안이 주체의 시선이라면 "창밖은 타자의 시선이다. 나아가 주체와 타자를 아울러 보는 보다 너른 시선이다. 이와 같은 시선은 소외된 자들을 타자의 시선으로 배려하면서 존재와 사물의 본질을 들여다보기 위한 철학적 탐구 방식이기도 하다.

5. 높고 낮음을 아우르는 탈경계의 시선

문학적 시간의 영역에서 보면 사물을 보는 인간의 시선은 다양하다. 상상으로 들여다보는 안목이 있고, 언어 기호에 길들여진 상징적 의미로 바라보는 시선이 있다. 이는 사물의 본질을 들여다보는 데 유용하다.

한 고승이 오늘도
고층 아파트 아래쪽 길가
지붕 위에 검은 타이어로 앉아 있다

빨간 벽돌 기와집에 갇혀있는 노부부를 긍휼히 보며, 태풍이 짓눌러도 일어서지 않는 천막 지붕을 만지며, 황사 소음에 컹컹 분노하는 강아지의 고통을 보며, 직립으로 여름을 맞이하는 은행나무 수정受精을 기원하며, 절룩거리는 한 노동자의 뒷모습을 토닥인다

해거름이 햇살을 털며 연극무대 조명처럼 다 풀어놓는다

노인정에 서성이는 현수막의 저녁 어둠에, 궁핍과 맞서 싸우는 파란 철 대문에, 누가복음 15장의 탕자를 생각하며, 하루 종일 폐휴지 줍고 가는 슬픈 리어카에게, 허기로 땅을

헛 쪼는 비둘기에게 보시를 폐타이어조차 이렇게 경건한가

검은 반가사유상이 지붕 위 허리 잘린 천막 위에서 고요히 기도하고 있다

— 〈지붕 위의 타이어〉 전문

"지붕 위의 검은 타이어"에는 "고승"이라는 타자가 있다. 이는 어떠한 고착된 틀 안에 갇혀 있지 않다. 고착된 틀 안에서는 편견이 생긴다. 그래서 고착된 틀을 벗어날 수 있는 틈새가 필요하다. 틈새는 언어 기호에 내재되어 있는 상징적 의미에만 치우쳐 있는 편견을 걷어낼 수 있는 수단이다. 곧 틈새는 사물의 본질을 들여다 볼 수 있는 과정에서 필요한 시간이다. 화자는 언어가 가지고 있는 자의성이라는 한계를 벗어나 그 본질로 나아가는 과정을 밟는데, "빨간 벽돌 기와집에 갇혀있는 노부부"의 일상을 들여다보는 것도 그 한 방식이다. 거기에는 "황사 소음에 컹컹 분노하는 강아지의 고통", "수정受精을 기원하"는 은행나무와 "절룩거리는 한 노동자의 뒷모습"이 놓여 있다. 그리하여 화자의 시선은 "하루 종일 폐휴지 줍고 가는 슬픈 리어카" "허기로 땅을 헛 쪼는 비둘기에게 보시를" 하는 폐타이어를 경건하게 바라볼 수 있는 여유가 있다. 이는 언어 기호에서 기호가 가진 편협한 시선을 벗어나 사물의 본질을 응시하는 데서 생긴 시선이다. 이는 주체와 타자, 창의 안과 밖을 보다 너른 시선으로 보면서 사물의 본질로 나아가려는 안목이다.

6. 빈부를 넘나드는 인간미

시는 언어를 통해 인간미를 드러내는 문학의 한 장르다. 이때 인간미는 화자의 이미지와 소리를 통해서 나타난다. 시인에게 화자는 낮은 곳에서 소외되어 살아가는 사람들과 연계되어 있다. 물신주의 사회에서 가난하고 소외된 자들은 존재로서의 가치를 인정받지 못한 채 스스로 생존의 어려움을 극복해야 하는 실존을 체험한다.

햇살이 멈춘 자리에는
'붕괴위험으로 재난위험시설로 지정됨'
노란 표지판이 붙어 있다
유적처럼
판결문처럼
낙인처럼
울컥,
현기증으로 출렁거린다

일제강점기 공장 창고가 방으로
80여 년 된 80여 개의 방
누추함을 꺼낸 누추함
초췌하고 푸석푸석하다

살은 없고 앙상한 뼈만 남은 생선처럼
생물학 교실의 골격표본처럼
미래를 담보한 무모한 몸뚱이는
온기 없이 뼈를 붙들고 서 있다

위험한 삶을 단련시키려는지
고단한 숨결은 가지 끝에 매달리고
불안의 농도는 언제 엷어지려는지 알 수 없지만
타클라마칸 붉은 사구에 갇힌 절망에서
희망의 시간이 서서히 절판되고 있는 것을 보며
파리한 하루를 겨우 넘으려
오늘도 공중화장실에서 초조하게 줄을 선다

—〈경계境界가 경계警戒로: 갈월동 '거지아파트'〉 전문

이 시에서 다루어진 "갈월동 '거지아파트'"는 실제 건물 이름이라기보다는 '쪽방촌'을 상징하는 기호이다. 화자는 '집'을 말하고 있다. "살은 없고 앙상한 뼈만 남은 생선처럼/ 생물학 교실의 골격표본처럼/ 미래를 담보한 무모한 몸뚱이는/ 온기 없이 뼈를 붙들고 서 있다". 이 집은 힘없고 소외당하고 가난한 사람들이 사는 집이다. '집'은 존재를 상징한다. "온기없"는 뼈는 생존의 늪에서 가난과 소외에 시달리는 존재이다. 그들은 "타클라마칸 붉은 사구에 갇힌" 것과 같은 절망에 시달리고 희망

이 죽은 채 살아가며, 존재 의의가 내팽겨진 채 겨우 목숨만 부지하고 살아가는 사람들이다. 이들이 가진 인간으로서의 권리를 회복시키기 위해서 경계境界를 넘어서는 시야를 확보하여야 할 것이다. 그러므로 시인이 경계를 넘어서며 타자의 시선 등 다양한 시각을 확보하는 것은 시간에 내포된 다양한 시간대로 인하여 가능한 것이다.

7. 영원 위에 남는 놀이

시간은 인간의 가장 특수한 경험 양식이다. 시간 위에서 과거의 기억과 현재의 경험과 미래의 연상이 만나고, 신화와 일상과 경험과 환상이 만난다. 박연숙은 시인이면서, 화가이며, 음악 애호가이기도 하다. 그가 이번에 출간한 시집에는 기품 있고 친근감 있는 이미저리로 개인의 인간미를 다양한 시간대를 넘나들며 형상화한 면면이 엿보인다. 시인은 이를 위해 경계를 넘나드는 유동적이고 활력적인 놀이를 제시하였는데, 이는 여러 이미지와 장면들을 하나로 묶는 문학적인 시간에서의 놀이가 작용한 것이다. 시인의 놀이는 시와 음악과 미술의 영역을 넘나들며 활력 있는 다양한 시간 에서 시간과 이미지를 넘나드는 이미저리와 놀이로 나타나는데, 이를 통해 존재가 가진 본성을 되찾고 그 안에서 자유를 얻는 통쾌함의 유희가 여러 시간대를 넘나들면서 결합되고 펼쳐진다. 시집 제목 '움직이는 트럭에 탄 들뢰즈'가 암시하듯이, 시인의 시는 개인의 존엄과 활력이 있는 일상과 신화가 가지고 있는 권력이 '현재'(한스 마이호프 개념으로는 '표면적 현재')의 심리에서 펼쳐진다. 이와 같은 시간 현상학은 언어 기호에서 기의가 가질 수 있는 편협함을 넘어서서 사물의 본질로 나아가는 데 소용되며, 열린 시선으로 나아가기 위한 틈새와 통로가 된다. 이러한 시간 놀이는 미려한 이미지에 활력을 주며, 다양한 시간대를 넘나드는 유동성으로 존재에게 놀이를 통한 활력으로 작용한다.

시인은 시와 미술과 음악을 시간과 화폭으로 묶는 몸의 예술을 지향하는데, 몸에 내재되어 있는 생기발랄하고 자유분방한 감각과 정서는 마치 눈앞에 펼쳐지는 홀로그램처럼 인간과 기계의 영역을 넘나드는 시간을 통한 여러 심리의 결합으로 나타난다. 이와 같은 시간이 개입된 홀로그램은 때론 '조각보'가 되고 때론 음악이 되어 '페르마타'라는 속도감을 가진다. 이와 같이 시간 놀이는 개인이 가진 소외와 고독을 헤집고 존재를 존재로, 사물을 사물로 세워 놓는다. 이 과정에서 사물은 다양한 시간대 위에서 복수複數의 시선으로 언어와 그림과 음악을 자유롭게 넘나드는 시간으로 해체되거나 결합된다. 따라서 시인의 시간 놀이는 사물의 본질과 인간의 본성을 발견하기 위한 해체와 융합의 방식이며, 현란한 이미저리다. 시인은 낮은 곳에서 일하며 소외된 사람들이 가진 짓눌림을 해체하고 존재가 본질적으로 가지고 있는 생명력과 존엄을 정립시킨다. 이는 사물의 본질로 나아가는 거시적 시선이면서, 일상의 소소함에서 가치를 발견하는 미시적인 놀이다. 넓고 자유로운 시선으로 음악의 속도감과 자유로운 춤을 추고 있는 듯한 기분을 만끽하는 화자의 이미저리는 시간을 자유로이 활용하는 텍스트 안의 놀이가 되는 것이다. 시인의 사물의 본질을 향한 자유로운 질주는 개인의 존엄에 활력을 주는 다양한 시간대를 넘나드는 텍스트가 되어 현재와 가까운 어느 시기에 학술 논문에서 다루어질 것이다. 이는 시인이 시와 음악과 미술의 경계를 넘나드는 시간 놀이를 통하여 존재에 활력을 주면서 사물의 본질로 나아가는 미학으로 시법을 단단히 다져놓았기에 가능한 것이다.

| 발문跋文 |

이 승 하

(시인·중앙대 교수)

박연숙 시인이 갖고 있는 시세계는 대단히 독창적이다. 누구의 영향을 받은 것 같지도 않고 누구와 묶어서 운위할 수도 없다. 이 땅의 시인 가운데 미술과 음악과 철학이, 과거(전통)와 현대(복제)와 미래사회(인공지능)가 혼용된 시를 쓴 시인은 지금까지 한 명도 없었다. 李箱이 건축과 수학을 시와 혼합한 적이 있었으니 최초는 아니라고 할 수 있을까? 그래서 시가 무척 어려운 것이 사실이다. 하지만 추리소설을 읽는 재미가 있듯이 독자는 이 시집의 미로 속을 헤매 다니며 숨겨진 보물을 찾는 재미를 느낄 수 있을 것이다. 추상미술과 설치미술, 해체미학의 세계를 넘나드는 박연숙 시인의 시적 모험을 지켜보는 동안 전율을 느끼는 독자는 나만이 아닐 것이다.

계간문예시인선 197
박연숙 시집 _ 움직이는 트럭에 탄 들뢰즈

초판 인쇄 2024년 3월 10일
초판 발행 2024년 3월 15일

——

지 은 이 박연숙
회 장 서정환
발 행 인 정종명
편집주간 차윤옥

——

펴 낸 곳 도서출판 계간문예
주 소 03132 서울 종로구 삼일대로 30길 21 종로오피스텔 1209호
전 화 (02) 3675-5633 팩스 (02) 766-4052
이 메 일 munin5633@naver.com
홈페이지 http://cafe.daum.net/quarterly2015
등 록 2005년 3월 9일 제300-2005-34호
연 락 처 03132 서울 종로구 삼일대로 32길 36 운현신화타워 305호
인 쇄 54991 전북 전주시 완산구 공북1길 16, 신아출판사
ISBN 978-89-6554-290-2 04810
ISBN 978-89-6554-118-9 (세트)

——

값 12,000원

——